Facetten feministischer Theoriebildung

DER FEMINISTISCHE BLICK AUF DIE SUCHT

VORTRÄGE VON
CHRISTA APPEL
ULRIKE KREYSSIG
BARBARA KREBS
IRMGARD VOGT
CARMEN WALCKER-MAYER
CORNELIA HELFFERICH

**Eine Edition der
Frankfurter Frauenschule / SFBFeV**

Herausgegeben von: Verein Sozialwissenschaftliche Forschung und Bildung für Frauen -SFBF- e.V., Hamburger Allee 45, 6000 Frankfurt a.M. 90, Tel: 069 - 77 26 59
ISBN-Nr.:3-926932-09-0
Verlag: Selbstverlag
Copyright: bei den Autorinnen (soweit nicht anders angegeben)
Umschlaggestaltung: Charly Steiger
Druck: Zypresse, Frankfurt a.M.

DER FEMINISTISCHE BLICK AUF DIE SUCHT

Vorwort 5

Christa Appel
Dry out the world - Frauen-Strategien im Kampf
gegen die Alkoholgefahren im 19.Jahrhundert 9
Ulrike Kreyssig
Drogenpolitik - Frauenpolitik - feministische Politik 37
Barbara Krebs
Eßstörungen und einige Probleme bei der Entwicklung
des weiblichen Körper-Ichs 51
Irmgard Vogt
Frauen, Sucht und Emanzipation:
Selbstbilder und Fremdbilder 65
Carmen Walcker-Mayer
Mittäterschaft in der Beratungssituation 83
Cornelia Helfferich
Neue Mythen oder alte Bellebigkeiten oder...? 89

Die Reihe 'Materialienband' 107
Abonnement- und Bestellzettel 109

Vorwort

Unter dem Titel "Der feministische Blick auf die Sucht" fand vom 17.-19. Mai 1990 in der Frankfurter Frauenschule eine Tagung statt, deren Beiträge in diesem Materialienband vorgelegt werden. Die Idee bzw. das Konzept zu dieser Tagung brauchte einige Zeit um zu reifen. Seit dem Sommersemester 1985 bietet die Frankfurter Frauenschule kontinuierlich Veranstaltungen zum Thema Sucht an und die "Info-Reihe Sucht", die bereits im 8.Semester angeboten wird, ist dabei zum Kernstück des Angebots geworden.

In den 80er Jahren haben Frauen in der Suchtkrankenarbeit, der Selbsthilfe und in der Suchtforschung viele Erfahrungen gesammelt und Terrain für Frauenarbeit und frauenspezifische Ansätze erobert. Dabei war der Blick stets deutlich auf die Bedürfnisse anderer Frauen, nämlich der suchtkranken Klientinnen, gerichtet, doch ging es auch um die anderen Arbeitsbedingungen und das Schaffen von Arbeitsplätzen für Frauen. Vordergründig betrachtet wurde viel Energie und Phantasie, viele Stunden der Arbeits- und der Freizeit darauf verwandt, den Raum, den Frauen in der Suchtkrankenhilfe einnehmen, sichtbarer zu machen und den Handlungsspielraum der Frauen zu erweitern. Die Beiträge von Christa Appel und Ulrike Kreyssig haben beide Frauen-Sucht-Politik zum Gegenstand. Christa Appels Beitrag über die Erfahrungen der Frauen in der amerikanischen Temperenzbewegung des 19. Jahrunderts verdeutlicht, daß die Verknüpfung von Suchtkrankenhilfe, Frauenarbeit und Frauen-

politik eine über hundert Jahre alte Tradition hat. Ulrike Kreyssig zeigt in ihrem Beitrag auf, daß Frauenpolitik und feministische Politik im Bereich der Drogenarbeit nicht dasselbe sind. Sowohl die Mitarbeiterinnen wie die Klientinnen werden durch den "Sitz zwischen den Stühlen" als dem Ort der feministischen Suchtprojekte herausgefordert, in Bewegung zu bleiben.
Ein zentrales Thema in den Diskussionen der vergangenen zehn Jahre über die Suchterkrankungen bei Frauen war "die Emanzipation der Frau". Emanzipation nimmt dabei sowohl die Rolle einer Verursacherin, wie einer Heilungsmöglichkeit ein. Daß der Zusammenhang zwischen sich ändernden Rollenerwartungen und Lebenswünschen von Frauen und den heute öffentlich zum Thema gemachten Suchterkrankungen von Frauen sehr viel komplexer ist, als es bislang in den Diskussionen deutlich wurde, damit setzen sich die Beiträge von Barbara Krebs, Irmgard Vogt und Carmen Walcker-Mayer in je unterschiedlicher Weise auseinander. Barbara Krebs geht der Entwicklung weiblicher Identität anhand eines Fallbeispiels nach. Irmgard Vogt unternimmt es in ihrem Beitrag, ausgehend von einer Klärung der Begriffe "Emanzipation" und "Sucht" die Schwächen aufzuzeigen, die die vereinfachende Verknüpfung von "Emanzipation führt zur Sucht" versus "Emanzipation und (Suchtmittel-) Abhängigkeit schließen sich aus" hat. Carmen Walcker-Mayer geht in ihrem Thesenpapier einen Schritt weiter und zeigt, daß für Beraterin und Klientin die gleichen An- und Herausforderungen der "Normalität" gelten. Cornelia Helfferich ist an dieser Stelle ein besonderer Dank dafür auszusprechen, daß sie sowohl während der Tagung die Diskussionen mitprotokolliert hat und sie im abschließenden Beitrag der Tagung in bezug gesetzt hat zu den Ansätzen der Frauengesundheitsforschung, als auch, daß sie für diesen Materialienband den Beitrag so bearbeitet hat, daß die sich daran anschließende Abschlußdiskussion aufgenommen wurde. Sie kommt zu dem Schluß, daß es ein feministisches Suchtkonzept bislang nicht gibt und wirft die Frage auf, ob es überhaupt wünschenswert ist.
Der feministische Blick auf die Sucht, das zeigte die Tagung, ist kein Einheitsblick. Wenn ich in der Konzeption der Tagung davon aus-

ging, daß die Streitfragen, die es unter und mit Frauen im Bereich der Suchtkrankenhilfe und der Suchtforschung gibt, gerade auch Streitfragen unter diesen Frauen selbst sind, dann haben die Diskussionen während der Tagung deutlich darauf verwiesen, daß dies eine zu enge Konzeption ist. Die Themen, an denen sich die Streitfragen unter Frauen entzünden, sind die Themen, die die Streitfragen innerhalb der Suchtkrankenbehandlung und Forschung bilden: Behandlungskonzepte und der Suchtbegriff bzw. Suchtmodelle. Der feministische Blick auf die Sucht verführt dazu, daß Frauen sich ein eigenes Bild machen und den gesellschaftlichen Kontext ihrer Beobachtungen und Erfahrungen mit den Erscheinungsformen von übermäßigem Konsum und deren Interpretation als Sucht zum Gegenstand der Suchtdiskussion selbst machen.

Ich möchte mich an dieser Stelle bei der Frankfurter Frauenschule bedanken, daß sie die Organisation und Durchführung der Tagung und die Publikation der Tagungsbeiträge in der Reihe Materialienband möglich gemacht hat.

Frankfurt, im August 1990
Christa Appel

Christa Appel
"Dry out the world ...!" Frauen-Strategien im Kampf gegen die Alkoholgefahren im 19.Jahrhundert

Frauengeschichtsforschung hat zwei Ziele: die Frauen in die Geschichte zurückzubringen und den Frauen ihre Geschichte zurückzubringen. (Joan Kelly Gadol)

1. Vorbemerkungen

Ich möchte diese Tagung mit einem historischen Beitrag eröffnen, und hoffe, daß es gelingt den hier versammelten Frauen ein Mosaikstück der "Frauen-Sucht-Geschichte" zurückzubringen.
Ich will kurz darauf eingehen, was mein Interesse an der Frauen-Sucht-Geschichte geweckt hat und welche Bedeutung diese Auseinandersetzung mit der Geschichte der Frauenstrategien im Kampf gegen die Alkoholgefahren für mich hinsichtlich aktueller Fragestellungen hat.

Die erste Begegnung damit, daß Frauen eine lange Suchtgeschichte haben, war eher ein zufälliger Fund, doch der machte mich neugierig. Spannend war es, zu erfahren, daß die Kämpfe der Frauen um das Gehörtwerden, um eine eigene Position und um eigene Zusammenschlüsse auf eine längere Tradition zurückblicken können, aber auch müssen, und optimistisch dachte ich: Wir können aus der Geschichte lernen, und nebenbei vielleicht einige Strategien und Taktiken kennenlernen, die wir auch heute noch anwenden könnten. Der Zufall, sofern es wirklich einer war, hatte mir einen Aufsatz in die Hände gespielt, in dem Harry Gene Levine (1980) auf wesentliche Rollen von Frauen in der us-amerikanischen Temperenzbewegung hinwies. Er machte deutlich, daß Frauen im Verlauf des Jahrhunderts zu einer, später zu der wesentlichsten Kraft der Antialkoholbewegung des 19.Jahrhunderts wurden.

Bei meinen ersten Nachforschungen war ich erstaunt, wie eng im 19.Jahrhundert das Eintreten für Abstinenz von alkoholischen Getränken mit der Unterstützung einer Vielfalt von bürgerlichen Reformbewegungen einherging. Sich selbst auf einen abstinenten Lebenstil zu verpflichten war für Reformer und Reformerinnen des 19.Jahrhunderts eine Selbstverständlichkeit, die sie nicht problematisch fanden. Dies gilt für die Bewegung zur Aufhebung der Sklaverei ebenso, wie die Bewegung für das allgemeine und für das Frauenwahlrecht im besonderen und diejenigen, die für Reformen in der städtischen und staatlichen Verwaltung und Politik eintraten.

Dagegen stelle man sich die Studenten- und die Frauenbewegung der 60er/70er Jahre als abstinente Bewegung vor. Gegen das Alkoholtrinken und gegen den Konsum von Drogen sich freiwillig entscheidend als einen offensiven Ausdruck ihrer fortschrittlich reformerischen Gesinnungen und Zielsetzungen! Schließlich, daß ein allgemeines Herstellungs- und Verteilungsverbot als Zusatz in die Verfassung der Bundesrepublik angestrebt worden wäre und daß sich in diesen Auseinandersetzungen eine Frau als so herausragende Persönlichkeit herausstellen würde, daß es ihr gelingt, die Frauen in großer Zahl für das Eintreten für Frauenrechte zu mobilisieren.

Übertragen bzw. übersetzt in heutige soziale Bewegungen und in bundesrepublikanische Wirklichkeiten wird deutlich wie unterschiedlich unsere Weltsicht und unsere Ansichten hinsichtlich der Gefährlichkeit von alkoholischen Getränken sind. Diese Ansichten einmal als historisch gewordene zu verstehen, und damit auch die heutigen Auffassungen nur als historisch gewordene besser einzuordnen, war eines der Motive, mich mit der Geschichte der Frauen in der amerikanischen Mäßigkeitsbewegung des 19.Jahrhunderts gründlicher zu befassen.

Ein anderer wesentlicher Grund lag für mich darin, die amerikanische Denktradition genauer verstehen zu wollen, die in vielfältiger Weise Ansätze in der heutigen Suchtarbeit beeinflußen und die auch

im letzten Jahrhundert schon die Ansätze in den deutschen Ländern nachhaltig beeinflußt haben.
So ist der Guttemplerorden eine amerikanische Gründung und wurde dann schließlich auch in den deutschsprachigen Ländern heimisch. In diesen Tagen feiert der IOGT seinen 101.Geburtstag in Deutschland und als Frauenbund für alkoholfreie Kultur existiert noch heute jener deutsche Zweig der Woman's Christian Temperance Union, die auf dem Höhepunkt des Einflußes von Frauen auf die Mäßigkeitspoltik in den USA gegründet wurde. Nach dem zweiten Weltkrieg waren es amerikanische GI's, die ab 1953 die ersten Gruppen der Anonymen Alkoholiker hier aufbauen halfen, einer Organisation, die sich 1933 in den USA gegründet hatte. Erfolgreich sind nicht nur die AA's, sondern auch viele der Konzepte, die die moderne Alkoholbewegung in den USA hervorgebracht hat. Sei es das Jellineck'sche System der Alkoholikertypen oder neuere Ansätze, wie beispielsweise Co-Abhängigkeit und Konzepte zur Familienbehandlung in der Suchttherapie.
Frauensuchtforschung schließlich stützt sich auf eine große Zahl us-amerikanischer Untersuchungen und, so vermute ich, es stützen sich immer mehr Mitarbeiterinnen in Einrichtungen der Suchtkrankenhilfe auf Konzepte und Texte, die von us-amerikanischen PraktikerInnen und einigen Praktikern entwickelt wurden. Seien es Sharon Wilsnack, Linda Beckman, Sharon Wegscheider-Cruse, Claudia Black, Ann Wilson-Schaef, Robin Norwood und andere. Konzepte, auf die sich etwa neueste Untersuchungen von deutschen Autorinnen kritisch bezichen, hier wäre z.B. Monika Rennert (1989) zu nennen. Doch die deutschen Autorinnen haben auf diesem Markt einen schweren Stand, verfolgt man auch nur oberflächlich, wie immer mehr der amerikanischen Publikationen in allerkürzester Zeit auch in deutscher Sprache erscheinen.
Bei aller Kritik, die ich inhaltlich an den us-amerikanischen Konzepten habe, und die nicht Gegenstand dieser Betrachtungen sein kann, als Orientierung über den möglichen Erfolg und den möglichen Einfluß, den Frauen erreichen können und als Ermutigung, wenn einen hier im Alltagseinerlei der Behinderungen der Frauenarbeit im Suchtkrankenbereich manchmal der Mut verläßt, schätze ich

sie. Möglicherweise wirkt sich auch heute noch die starke Frauentradition des 19.Jahrhunderts positiv auf die Aktivitäten und das Selbstbewußtsein der Frauen in den USA aus.

2. Tertiäre Verräumlichung: eine Orientierungshilfe

Im Verlauf meiner Auseinandersetzung mit den Forschungsergebnissen der amerikanischen Frauen- und der Sozialforschung, die zu den Anti-Alkohol und Pro-Abstinenzbewegungen vorliegen, ist immer deutlicher geworden, daß es neben dem Diskurs, der sich unmittelbar auf die aktuellen gesellschaftlichen und privaten Suchtprobleme richtete, einen Meta-Diskurs gibt, auf dem spannende und weitreichende Themen verhandelt werden.

Eine Orientierung beim Aufdecken dieser Meta-Diskurse ist mir dabei das Foucault'sche Konzept der tertiären Vernetzung gewesen (Foucault 1976). Ich möchte es hier kurz benennen, ohne in eine ausführlichere Darstellung einzusteigen. In seiner Untersuchung "Die Geburt der Klinik", die auf die Entwicklungsgeschichte des ärztlichen Blicks gerichtet ist, hat Foucault die tertiäre Verräumlichung als die Gesamtheit von Gesten bezeichnet, durch die Krankheit als solche in einer Gesellschaft umstellt und festgestellt wird. Tertiär verweist dabei nicht auf eine abgeleitete und weniger wesentliche Struktur, vielmehr bildet die tertiäre Verräumlichung "das Entscheidungssystem, in dem es darum geht, wie eine Gruppe, um sich zu erhalten und zu schützen, die Ausschließung praktiziert, wie sie die Fürsorge einrichtet, wie sie auf die Todesfurcht reagiert, wie sie das Elend verdrängt oder lindert, wie sie bei Krankheitsfällen interveniert oder sie ihrem natürlichen Verlauf überläßt." (Foucault 1976: 33) Die tertiäre Verräumlichung ist "der Ort diverser Dialektiken: Der Ort heterogener Institutionen, chronologischer Verschiebungen, politischer Kämpfe, der Ort von Forderungen und Utopien, der Ort ökonomischer Zwänge und gesellschaftlicher Konfrontationen." (ebd.)

Es ist meine Hoffnung, daß ich meine Zuhörerinnen/Leserinnen dazu verführen kann, sich für die nächsten 45 Minuten auf einen anderen Blick auf Frauen-Sucht-Geschichte einzulassen. Nämlich eine

Frauen-Sucht-Geschichte, deren Inhalt einmal nicht eine individuelle Frauen-Sucht-Biographie ist, sondern eine, die die Beziehungen und Bedeutungsebenen zum Gegenstand hat, mit der seitens der Männergesellschaft, und von Seiten der Frauen selbst, eine bestimmte Krankheit, die Trunksucht, umstellt und festgestellt wurde. Der Blick ins 19.Jahrhundert und auf einen anderen Kontinent bringt zusammengenommen, eine andere Distanz mit sich, gerade für diejenigen, die diese Geschichte nicht als Voraussetzung ihres heutigen Handelns haben. Und doch, darauf möchte ich hinweisen, sind wesentliche Elemente dieser Tradition nicht auf die USA beschränkt.

3. Die Temperenzbewegung Teil - eines Entscheidungs-Systems?

Was ich im folgenden in wenigen Stichworten als grobe Skizze entwerfe, um den materiellen Hintergrund für die Entstehung einer Temperenzbewegung im modernen Sinne anzudeuten, gilt mit anderen Schattierungen, jedoch in der gleichen Tendenz auch für die europäische Entwicklung, besonders jene Länder, in denen der Protestantismus eine dominante Rolle spielt(e).

3.1. Die Mäßigkeitsidee und das Krankheitskonzept der Trunksucht

Gegen Ende des 18.Jahrhunderts tauchten sowohl in Europa wie in den USA die ersten Schriften von Ärzten auf, die sich der neu aufkommenden Richtung der naturwissenschaftlichen Medizin verpflichtet hatten, und die die allseits bekannten Zustände chronischer Trunkenheit erstmals in der Geschichte als Krankheit beschrieben. Alkoholismus als Sucht-Krankheit ist eine Entdeckung der bürgerlichen Gesellschaft. Daß Sucht eine Krankheit ist, zunächst interpretiert als eine Geisteskrankheit oder Krankheit des Willens; daß diese Krankheit dem Gebrauch süchtigmachender Substanzen zuzuschreiben ist, beschrieben die frühen Pamphlete der Reformärzte und Psychiater. Sie empfahlen gegen diese Krankheit allen Konsumenten der süchtigmachenden Substanzen diese nur in mäßigen Mengen zu sich zu nehmen und auf die Stoffe, von denen man zu wissen glaubte, daß sie ursächlich die Trunksucht hervorbrachten, nämlich alle Arten destillierter und gebrannter Alkoholika, gänzlich zu verzichten.

Diese Auffassung von der Mäßigung beim Konsum alkoholischer Getränke: nur die als gesund geltenden Getränke Bier, Most und Wein in mäßigen Mengen zu trinken und auf Schnaps, Whiskey und Rum gänzlich zu verzichten, bildet den faktischen Hintergrund für die Bezeichnung Mäßigkeitidee und Mäßigkeitsbewegung für die soziale Bewegung, die sich im Verlauf des 19.Jahrhunderts entwickelte. Mäßigkeit heißt im englischen Temperenz. Die Temperenzbewegung behält ihren Namen auch, als sich, etwa seit den 1830ern, ihr Glaubensbekenntnis änderte und sie nun für den vollständigen Verzicht auf alle alkoholhaltigen Getränke und Medizinen eintrat - und dann diesen Sachverhalt korrekter benennend Abstinenzbewegung heißen müßte oder verkürzend Anti-Alkohol-Bewegung.

3.2. Mäßigkeit: Ausdruck moderner Lebenseinstellung und Zeichen progressiver Einstellungen

Sich den Mäßigkeitsforderungen anzuschließen bedeutete, auf dem Höhepunkt des medizinischen Wissens seiner Zeit zu sein. Mäßigkeitsreformer waren in aller Regel auch Pioniere der Gesundheits- und Lebensreform. Sie traten für eine gesündere Ernährung ein, die weniger Fleisch und mehr Gemüse enthalten sollte. Sie setzten sich für bessere hygienische Bedingungen in den rasch wachsenden und chaotische Zustände hervorrufenden Städten ein. Sie reformierten die Versorgung der Kranken und Irren. Und die Progressivsten traten für eine Reform der Frauenkleidung und die Zulassung von Frauen zum Sport ein. So etwa der Möglichkeit Fahrrad zu fahren. Schließlich war für viele nicht nur die individuelle Lebensführung von Belang, sondern auch die allgemeinen geistigen und sittlichen Belange der gerade gegründeten amerikanischen Republik. Sie waren Gegner der Sklaverei, so wie sie Gegner ihrer eigenen kolonialen Unterdrückung gewesen waren, sie waren Fürsprecher eines allgemeinen und sehr häufig auch des Frauenwahlrechts. Die Mäßigkeitsbewegung war eine von vielen bürgerlichen Reformbewegungen des 19.Jahrhunderts. Doch nach meinen Kenntnissen bedeutete progressiv zu sein fast immer auch Temperenzanhänger zu sein. Bis zum Ende des 19.Jahrhunderts beispielsweise waren alle namhaften Frauenrechtlerinnen, waren die Frauen der ersten amerikanischen Frauenbewegung, konsequente Verfechterinnen und Unterstützerinnen der Mäßigkeitssache.

In den USA war die Mäßigkeitsbewegung die bürgerliche Reformbewegung, die fast über das gesamte 19.Jahrhundert und darüber hinaus eine einflußreiche politische Kraft darstellte. Erinnert sei hier daran, daß zwischen 1919 - 1933 die Prohibition in der amerikanischen Verfassung verankert war. Die Prohibition ist mit, wenn auch nicht ausschließlich, ein Erfolg der Temperenzbewegung und aus ihr hervorgegangener Gruppierungen, wie der Anti-Saloon-Liga. Die Frauentemperenzbewegung war im letzten Drittel des 19. Jahrhunderts die führende Kraft in der Temperenzbewegung und ihre eigene Bedeutung weist zudem weit über die Belange der Mäßigkeitssache hinaus, etwa in der Mobilisierung der bürgerlichen Frauen für das Frauenwahlrecht und in der Einführung von bezahlter sozialer und karitativer Frauenarbeit als einer eigenständigen (weiblichen) Profession.

3.3. Die Alkoholfrage als Projektionsfläche: Gruppenschutz und Gruppenerhalt in den weißen Mittelschichten

Mit heutigen Maßstäben betrachtet erscheint die Temperenzbewegung als eine "altmodische" und konservative. Bisweilen ist es aus der heutigen Perspektive schwierig, den progressiven Charakter dieser Bewegungen im Blick zu behalten. Die progressiven Bewegungen selbst müssen als Gruppenbewegungen begriffen werden, denen es um den Erhalt ihrer sozialen Gruppen und den Gruppenschutz ging. Hierzu entwickelten sie immer neue Strategien, die im Verlauf des 19.Jahrhunderts eine immer vernetztere Gestalt anzunehmen scheinen. Einem Jahrhundert, an dessen Beginn die amerikanische Republik gerade dabei ist, die allerersten Ansätze der Manufaktur und der Verstädterung hervorzubringen und in ihren Reaktionen zu be-und verarbeiten. Einem Jahrhundert, das in der ersten Hälfte noch ganz unter dem Zeichen der territorialen Ausdehnung nach Westen stand und der Intergration großer Einwanderermassen aus Europa, die nun in wenigen Jahrzehnten ebensoviele Menschen in die USA brachten, wie zuvor in einer zweihundert Jahre währenden Entwicklung allmählich ins Land gekommen waren. Einem Jahrhundert großer sozialer Konflikte zwischen der älter eingesessenen Bevölkerung vornehmlich angelsächsisch-protestantischer Abstammung und häufig katholischen und jüdischen Einwanderern aus Irland, Mittel- und Osteuropa, aber auch aus Asien, zusätzlich zu dem Konflikt um die Freiheit der Schwarzen, der im Bürgerkrieg zwischen Nord- und Südstaaten 1861-1864 eskalierte.

Nicht nur durch diesen Zustrom von Hunderten bzw. Tausenden von Einwanderern in ein Land, das über keine Infrastruktur verfügte, eine so große Zahl von jungen Menschen zu integrieren, sondern auch durch die sehr viel größer gewordenen Unwägbarkeiten, die mit dem sich entwickelnden Kapitalismus einhergehen, waren insbesondere auch die Mittelschichten verunsichert. In die Alkoholfrage konnten viele der Unsicherheiten und Bedrohungen der Zeit hineinprojiziert werden. Es ließen sich, gerade auch aus den Kreisen der Mittelschichten, unzählige Beispiele anführen, daß übermäßiges Trinken aus hoffnungsvollen Söhnen verwahrloste und der Armenfürsorge zur Last fallende Männer gemacht hatte, ebenso wie treusorgende verantwortungsvolle Familienväter nicht nur sich, sondern ihre gesamte Familie ruinierten und ebenfalls zu Empfänger von städtischen oder kirchlichen Almosen machte. Hinzu kam die steigende Gewalt in den Straßen der immer enger werdenden Städte, denen nicht selten bei Schießereien, (wie uns ja aus Wildwestfilmen bestens bekannt), immer wieder unschuldige Männer aber auch Frauen und Kinder zum Opfer fielen. Die Gewalt in der Familie nahm zu, nicht nur in den Armenvierteln zerschlugen Familienväter im Rausch alle Möbel und prügelten Frauen und Kinder.

Wer trank, und wer sich häufig betrank, war als Einzelner auch weniger den Anforderungen der sich rascher und rascher entwickelnden Marktgesellschaft gewachsen. Umso mehr als diese Entwicklung auch zu einer weiteren Differenzierung der geschlechtlichen Arbeitsteilung geführt hatte, die neben der Arbeitsteilung zwischen Mann und Frau nun auch verstärkt unterschiedliche Orte schuf, an denen die Arbeit von Mann und Frau stattfand.

4. Praktiken der Ausschließung und geschlechtliche Arbeitsteilung
4.1. Fürsorge: die Fokusierung auf die trinkende Klasse der Männer

Diese Aufteilung der Welt in zwei Sphären: die männliche, weltliche von Gewerbe und Handel und öffentlichen Angelegenheiten und die weibliche, häusliche der Reproduktion, der Ruhe vor den Anforderungen der Welt, und der geistigen Stärkung, verlangte insbesondere den Angehörigen der Mittelschichten eine umfassende Neudefinition ihrer Rollen ab. Diese neuen Rollen, Rollen, die den Erfolg in der sich rasch verändernden Welt des 19.Jahrhunderts befördern konnten, nehmen in der Propaganda und Arbeit der Mäßigkeitsbewegung einen breiten Raum ein.

Die nach den Ideen der Mäßigkeitsbewegung lebende Familie ist mit allen Insignien des bürgerlichen Erfolgs ausgestattet: Immer wieder wird die Wohnung der völlig verarmten Familie des Trinkers kontrastiert mit dem trauten bürgerlichen Familienglück der Temperenzler. Der Self-made man hatte an seiner Seite eine Frau, die alle Eigenschaften wahren Frauseins verkörperte. Sie war ein Vorbild an slttlicher und mäßiger Lebensführung, sie erzog Söhne im Sinne der Temperenz und wirkte auch auf die erwachsenen Männer, Ehemänner, Brüder und Söhne mäßigend ein. Dort, wo ihr das noch nicht gelungen war, war sie es, die selbst dann noch nicht müde wurde auf eine Besserung des Trinkers zu hoffen, wenn alle anderen ihn schon aufgegeben hatten.

Thematisch, so das Ergebnis der bisherigen Temperenzforschung in den USA, war die Temperenzbewegung auf den Mann und die Erfordernisse eines erfolgreichen Lebens gerichtet. Die Anstrengungen und Bemühungen der Frauen drehten sich zunächst um das Ablegen des Temperenzschwurs des Mannes, dann um die Aufrechterhaltung seiner Abstinenz und schließlich die Abwendung der Alkoholgefahren bei der heranwachsenden Männergeneration. Sie taten das auch, indem sie selbst mit temperentem Beispiel vorausgingen - ein Verhalten, das die Temperenzbewegung ihre erste und natürliche Pflicht nannte. Den Mann vor gesellschaftlichen Abstieg zu schützen bzw. zum gesellschaftlichen Aufstieg zu befähigen war der Beitrag der Frauen zur Sicherung der Mittelschichtszugehörigkeit und zum Schutz vor den Unbilden und Wechselfällen der Ökonomie.

Frauen selbst haben ihren Beitrag in offensiver und in sentimentaler Weise vielfach beschrieben und definiert.(siehe hierzu Douglas, 1977) An der Definition von Häuslichkeit, die eine zentrale Rolle in der Argumentation der Mäßigkeitsbwegung einnahm, waren sie aktiv beteiligt. Gerade die Frauen der Mittelschichten verloren im Prozeß der Trennung von Arbeits- und Lebensort ihre bis dahin gegebene Lebenssituation und Position, einer wie auch immer gewerteten, gesellschaftlich sichtbaren Frauenarbeit.

Die sich entwickelnden Vorstellungen über Häuslichkeit sind eng verknüpft sowohl mit einer bestimmten Vorstellung von Feminität wie von Maskulinität. Um als Hausfrau schalten und walten zu können, benötigten die Frauen einen erfolgreichen Mann, denn nur der verdiente genug, um sich eine Hausfrau leisten zu können. Dies zu können, war wiederum eine Darstellung männlichen Erfolgs im Berufsleben und so für den Mann ebenfalls wichtig. In der Abgrenzung der Geschlechter voneinander, in dem positiven Besetzen der Werte der weiblichen und der männlichen Sphäre durch Frauen und Männer, lag sowohl eine Kritik und Distanzierung vom jeweils anderen Geschlecht, als auch ein Referenzpunkt für die eigene Geschlechtsrolle und verwies somit auf das wechselseitige Aufeinanderangewiesensein. Dies spiegelte sich auch auf der ideologischen Ebene wider.

4.2. Assimilationsversuche: Verdrängung oder Linderung des Elends?

Frauen haben in der amerikanischen Gesellschaft innerhalb ihrer Sphäre ziemliche Macht ausüben können und diese im Verlauf des Jahrhunderts im Namen von Häuslichkeit und Wahrem Frauensein mehr und mehr ausgedehnt. Die Temperenzbeewegung wurde ein Instrumentarium um ihren Einfluß auszudehnen. Die zeitweilig sehr enge Verbindung von Temperenz und Evangelisation, daß heißt Konversion zum protestantischen Glauben, war ein weiteres Instrument. Religiöser Eifer war dafür ebenso charakteristisch wie das moralische Unterdrucksetzen von Männern, dem diese nachgaben, weil sie sich häufig genug nicht leisten konnten, nicht als respektabel zu gelten.
Einer protestantischen Glaubensgemeinschaft anzugehören und den Temperenzschwur abzulegen, das waren ganz deutliche Demonstrationen des Anspruchs zur respektablen Gesellschaft gehören zu wollen. Damit grenzten sich die Kleinstädter ab von den armen, whiskeytrinkenden Iren und den biertrinkenden Deutschen, die häufig auch keine protestantischen Christen, sondern gläubige Katholiken waren. Allerdings hatten diese Gruppen die Chance, durch Beitritt zu protestantischen Glaubensgemeinschaften und zu Temperenzvereinigungen "amerikanisiert" zu werden. Wer sich an diese Organisationen wandte, der konnte mit Fürsorge und Unterstützung rechnen. Es wurde also ausgegrenzt und assimiliert. Ebenso wie es galt die Einwanderer zu assimilieren, ihnen häufig im Kontakt von Frau zu Frau die "falschen" Sitten abzugewöhnen bzw. erst einmal die Augen dafür zu öffnen - ging es um eine Assimilation der Männer an die geistigen und sittlichen Standards der Frauen. So eine der zentralen Botschaften der Prediger in den Versammlungen und Massenveranstaltungen der Erweckungsbewegung. Der Dämon Rum spielte in diesen Reden/Predigten eine große Rolle und galt als Überbringer des Leids, das Männer über Frauen und Kinder bringen, wenn sie zu Trinkern geworden waren. Immer wieder traten Männer und Frauen in diesen Versammlungen auf, die ihre eigene Rettungsgeschichte erzählten. In Zeiten wirtschaftlicher Krisen

konnten sie eine Hoffnung verbreiten, daß durch Änderungen des individuellen Lebensstils Einfluß auf das eigene Schicksal genommen werden konnte. Diese Versammlungen hatten von Frauen und Männern großen Zulauf, wohl wegen der Hoffnung, die solche Geschichten Geretteter machten, aber sicherlich auch, weil es eine der wenigen Formen von spannender Unterhaltung war.

4.3. Die Temperenz der Männer ist ein Frauenaufgabe

Temperenzarbeit um die Mitte des 19. Jahrhunderts bedeutete im wesentlichen, daß Frauen sich um die Temperenz der Männer kümmerten, als eine ihrer wichtigsten Frauenaufgaben. Die Temperenzidee zu verbreiten, bedeutete gleichzeitig immer die neuen Formen der Arbeitsteilung zwischen Frau und Mann als den Weg zu Glück und Erfolg anzupreisen. Auch da, wo Temperenzredner und -pamphlete sich deutlich, kritisch und anklagend zu Gewalt, Mißhandlung und sexueller Untreue des Mannes äußerten, war das Kernargument doch das, daß der Dämon Rum den Mann aus seiner rechtmäßigen Rolle als Familien- und Haushaltsvorstand vertrieb und den Frauen die Last aufbürdete, die Reste von Häuslichkeit und Heim zu verteidigen. Während der Mann statt eines Blicks für ihre aufopfernde Fürsorge zu haben, nur weiteres Unheil und Verderben anrichtete, wurde diese aufopfernde Fürsorge und unendliche Geduld der Frauen von den Temperenzrednern wieder und wieder hervorgehoben und gelobt. Frauen konnten sich hier verstanden, getröstet und ermutigt fühlen, ihre Anstrengungen fortzusetzen.
Frauen erkannten jedoch auch, selbst dort in der Temperenzbewegung, wo sie unter männlicher Anleitung in Frauenhilfsvereinigungen für die Sache der Temperenz arbeiteten, daß weibliche Solidarität und Unterstützung für die Belange der Familie eine sicherere Sache war, als auf ein vages und nicht zu gewährleistendes Recht auf einen nüchternen Ehemann zu vertrauen.

4.4. Aufsuchende Temperenzarbeit und die Chancen der Frauen

Die Frauen in den frühen Temperenzvereinigungen trafen sich nicht nur, um sich wechselseitig in ihren Bemühungen um die Abstinenz von Männern zu unterstützen, sie suchten in ihrer Nachbarschaft aktiv nach Familien in Not. Sie machten zunächst keinen Unterschied, ob die Familie eines Trinkers oder einer Trinkerin zu unterstützen war. Doch je mehr die Häuslichkeitsideologie und die Idee vom Wahren Frausein sich auch in den Reihen der Temperenzbewegung durchsetzte, je wesentlicher der Aspekt wurde, daß es respektable Bürger waren, die sich in den Temperenzbruderschaften zusammenschlossen, desto mehr geriet die öffentlich thematisierte Existenz von Trunksucht unter Frauen dazu in Widerspruch. Sie wurde zu einer Infragestellung der Prämissen der geschlechtlichen Arbeitsteilung zwischen Frauen und Männern, in deren Rahmen Frauen für sich beanspruchten, das sittlich vollkommenere Geschlecht zu sein. Frauen, die aus der Rolle fielen bzw. die Wirklichkeit des Frauenalltags anders zeichneten, hatten zunehmend keinen Platz mehr in den Organisationen der respektablen Schwestern. Über Trinkerinnen sprach man nicht mehr. Die geschlechtliche Arbeitsteilung wies der Frau den Platz der Nichttrinkerin zu, dieser Platz versprach, zumindest in der Propaganda der Temperenzbewegung, den Zugang zu einem Heim und zu häuslichem Glück an der Seite des selfmade-man's. Die Kontrolle über oder der Kampf um die Abstinenz der Mannes, der dem trinkenden Geschlecht angehörte, wurde ihre Aufgabe, häusliches Glück jedoch auch sein Lohn und die Krönung seines weltlichen Erfolgs.
Auch wenn die frühe Temperenzbewegung hierarchisch gegliedert war, es keine gemeinsame Organisation gab, sondern Frauen in den Hilfsvereinigungen unter männlicher Leitung ihre vielfältigen sozialen und karitaiven Aufgaben wahrnahmen, eine Temperenzpolitik, die davon ausging, daß Menschen argumentativ und durch gutes Beispiel unterstützt, zur Assimilation an die temperente Lebensweisen der angelsächsischen weißen Mittelschichten bewogen werden können, wies Frauen in begrenztem Umfang eine einflußreiche Position zu.

5. Orte diverser Dialektiken
5.1. Das Gewicht verschiebt sich von Assimilation zu Zwang

Um die Jahrhundertmitte wurde zunehmend eine zweite Strömung in der Temperenzbewegung einflußreich, die weniger in der Assimilation aber umso mehr im Zwang das Mittel sah, die drastischen Probleme in den Griff zu bekommen, mit denen sich die amerikanische Gesellschaft konfrontiert sah. Mehr und mehr ging es um die Durchsetzung prohibitiver Regelungen auf lokaler und staatlicher Ebene. Um administrative und gesetzliche Regelungen, die Produktion, den Verkauf und den Konsum von Alkohol verbieten sollten. Hier hatten Frauen zunächst fast nirgends direkte Einflußmöglichkeiten, denn erst im Verlauf der zweiten Jahrhunderthälfte erlangten sie vereinzelt lokales oder staatliches Wahlrecht. Der auf gesetzliche Regelungen und Zwangsmaßnahmen setzende Teil der Temperenzbewegung beschnitt damit den Einfluß der Frauen erheblich. Hinzu kam, daß nicht wenige Frauen, die täglich Erfahrungen mit der Trunksucht von Männern in ihrer Familie machten, nicht warten wollten und konnten, bis gesetzliche Maßnahmen in ihre Not verändernd eingreifen würden. Beides trägt dazu bei, daß es immer wieder zu vereinzelten Aktionen gegen Schnapshändler und Kneipenwirte durch Frauengruppen kam. Häufig war diesen Aktionen ein besonderes Ereignis oder gar der Tod eines Familienmitglieds vorausgegangen, oder Frauen wußten sich keinen anderen Rat das weitere Elend von ihren Familien abzuwenden, als in die Kneipen zu ziehen und mit Äxten die Schnapsfäßer und häufig die Kneipeneinrichtungen gleich mit zu zerschlagen.

5.2. Infragestellung und Kritik der geschlechtlichen Arbeitsteilung

Auf den Versammlungen der Temperenzorganisationen kam es in dieser Zeit zu den ersten Infragestellungen der geschlechtlichen Arbeitsteilung innerhalb der Temperenzarbeit. Einzelne, politisch radikalere Frauen begannen hier, wie bereits bei den Konferenzen der Anti-Sklavereibewegung, gegen die politische Rechtlosigkeit und

Entmündigung der Frauen zu protestieren. Auch wenn sie kein offizielles Rederecht hatten, ergriffen sie einfach das Wort auf diesen Versammlungen. Wenn das mißlang, zogen die Frauen geschlossen aus diesen Versammlungen aus und organisierten eigene Gegentreffen, wo sie ihre Themen unter sich und mit den sie unterstützenden Männern debattieren konnten. Zu den Streitthemen gehörte nicht nur die Forderung nach Einführung des allgemeinen Wahlrechts für Frauen, sondern das Recht auf Scheidung, eigenen Besitz und auf die Erziehungsgewalt über die eigenen Kinder. Die Gegner griffen die Frauen unter anderem mit den Argumenten an, daß Wahlrecht und Scheidung zu fordern, jegliche Ordnung aufheben würde und diese Forderungen auch in keiner Weise mit der Temperenzfrage verknüpft seien. Unzählige Male versuchten Frauen, sich mit diesen Argumenten auseinanderzusetzen. Hier ein Beispiel aus dem Jahr 1852, dort sagte Mary Vaugn bei der Eröffnungsansprache einer der Gegenveranstaltungen:"Wir haben uns getroffen um zu überlegen, was wir als Frauen tun können und tun wollen, um die Temperenzreform zu fördern. ... Wir sind uns bewußt, daß dieses Vorgehen von uns, dieses Zusammenrufen einer Gruppe von Frauen, die öffentlich über Pläne beraten, wie diese spezielle Reform durchgeführt werden kann, heftig an jenem Moder von Vorurteilen schrubben wird, der sich auf dem gewöhnlichen Denken angesammelt hat. ...Wir halten dies für keinen Grund, davon abzulassen, wenn das Gewissen, ein erwachtes Pflichtgefühl und die erregte Sympathie des Herzens, dazu führt uns selbst etwas anders zu zeigen, als eine Personifizierung jener vagen Idee, welche Frau genannt worden ist, und mit der Frauen lange versuchten, sich selbst identifizieren zu können. Ein Geschöpf, bloß Weichheit und Sensibilität, die notwendigerweise in Extremen sich freut und leidet ...die Glück bescheiden erträgt und Leid mit Tapferkeit, sanft, milde, unterwürfig, nachsichtig unter allen Umständen (ist) ... ein bloßes Anhängsel an den Mann, als Hauptzweck ihrer Schöpfung seine Existenz zu bewundern und zu verschönern oder in irgendeiner Form seiner Selbstsucht zu dienen. Das ist so ungefähr die männliche Vorstellung von Weiblichkeit, und die arme Weiblichkeit strebt danach sie zu personifizieren. Aber nicht alle Frauen! Dies ist ein

Zeitalter der Bilderstürmerei, und mutig sind Hände erhoben, um dieses falsche Image von Frauen vom Sockel zu fegen und in Stücke zu zerschmettern." (zit.bei Levine 1980: 47)
Doch fanden die radikalen Reformerinnen zu diesem Zeitpunkt keine breitere Unterstützung. Sie waren ihren Mitstreiterinnen zu radikal bei der Infragestellung der Rollenverteilungen zwischen Mann und Frau. Die Mehrheit der Frauen begehrte nicht auf gegen die Gewohnheitsmuster, daß sich die Frauen untereinander unterstützen sollten, um ihren jeweiligen Männern besser zur Seite stehen zu können. In der Folgezeit verringerten viele der radikalen Streiterinnen ihre aktive Mitarbeit in der Temperenzbewegung und setzten sich verstärkt für den Kampf um das Frauenstimmrecht ein, gaben aber ihre politische Unterstützung für die Temperenzbewegung nicht auf.

5.3. Eine Konfrontation zwischen der trinkenden Männerwelt und den Kreuzzüglerinnen gegen den Schnapshandel

Fast ein Jahrzehnt nach Beendigung des Bürgerkriegs kommt es im Winter 1873/74, während einer wirtschaftlichen Depression in den USA, zu massenhaften Frauenaktionen gegen die Verkäufer von Schnaps. Als die Women's Crusades sind sie in die amerikanische Geschichte eingegangen. Diese Aktionen entwickelten sich fast alle aus dem Rahmen kirchlicher Frauenvereinigungen heraus. Meist stand ein Vortrag eines Temperenzredners und anschließende Aussprache am Beginn einer solchen Aktion, aber auch die Zeitungen, die sich in dieser Zeit gerade zu Massenmedien entwickelten, verbreiteten Berichte erfolgreicher Aktionen rasch. Nach solchen Zusammenkünften verabredeten sich die Frauen für eine Andacht am Morgen und zogen danach in einer größeren Gruppe durch ihre Kleinstädte: singend, betend und in die Kneipen vordringend, wo sie zunächst versuchten mit Worten und Gebeten den Wirt zur Aufgabe des Schnapsausschanks zu bringen, aber wenn dieser Druck nichts half, dann selbst zur Tat zu schreiten, Schnapsfässer zu zerschlagen und den Inhalt auf die Straßen zu kippen. Es kam dabei auch zu

Angriffen auf die Frauengruppen und die Frauen betraten bei ihren Aktionen Etablissements, die anderweilig kein Ort für respektable Damen waren. Bisweilen mußte sich dann ein Schwiegersohn in spe versuchen, noch schnell in Deckung zu bringen. Andere Gruppen belagerten die Eingänge der Schankstuben oder boykottierten die Läden in denen Schnaps verkauft wurde und zwangen so die Händler zum Aufgeben.

Schließlich wandten die Frauen ein Verfahren an, daß in der Sittlichkeitsbewegung schon mit einigem Erfolg benutzt worden war: Sie lagerten stundenlang vor Kneipen und Bordellen und notierten die Namen aller Wirtshausbesucher. Diese Namen lasen sie dann öffentlich wieder und wieder vor. Mit großer Ausdauer und erheblichem persönlichen Einsatz gelang es den Frauengruppen, die Öffentlichkeit einiger Bundesstaaten in Atem zu halten. Besonders konzentrierten sich diese Aktionen auf den Bundesstaat Ohio, einem Staat mit hohem Anteil deutscher Einwanderer und einer Bierproduktion, die sich gänzlich in deutscher Hand befand.

In den Aktionen spielen auch Besitzstand, Neid und Haß auf die Einwanderer eine Rolle - und, wie die Teilnehmerinnen berichten, spielt der Ausbruch aus der häuslichen Enge eine mindest ebenso wichtige Rolle für die Frauen selbst. Weiterhin spielte die Bekehrung der Trinker, die häufig eine doppelte, nämlich zum Protestantismus und zur Abstinenz war, eine wesentliche Rolle. Der Saloon selbst galt als das Anti-Home, der Ort an dem Männer dem Einfluß von Familie und Arbeit zu entfliehen suchten.

5.4. Frauen schließen sich in einer unabhängigen und nationalen Organisation zusammen: der WCTU

Im Sommer 1874 ebbt dieser Aktionismus ab, doch gingen eine Reihe von Teilnehmerinnen der Frauenkreuzzüge rasch daran, diesen Elan unter Frauen auszunutzen für die Gründung und den Aufbau einer national wirkenden Frauen-Temperenz-Vereinigung. Im November 1874 kamen in Cleveland/Ohio dreihundert Frauen zur Gründungsversammlung der Woman's Christian Temperance

Union, der WCTU, zusammen. Ihr Ziel war es von Anfang an, die gesamten USA mit einem dichten Netz lokaler WCTU-Gruppen zu überziehen und möglichst viele Frauen für die Belange und die vielfältige Arbeit der Temperenzbewegung zu gewinnen. Diese Arbeit begann mit den sogenannten Verkündigungsmeetings, in denen christliche Andachten überkonfessionell organisiert waren und die der direkten Ansprache heruntergekommener Trinker dienten. Dabei wurde auf die alten Temperenzmuster zurückgriffen, daß bekehrte Trinker und deren Ehefrauen sowohl das Vorher, wie das Nachher in ergreifenden Worten schilderten. Darüber hinaus konzentrierten sie sich auf die Aufbauarbeit der nationalen Organisation. Die Woman's Christian Temperance Union zeichnete sich dadurch aus, daß sie eine unabhängige, an keine andere Temperenzvereinigung gebundene Organisation war, wie etwa der Guttemplerorden oder die gleichalten Organisationen der Sons bzw. Daughters of Temperance. Die WCTU verstand sich zudem ausdrücklich als nationale Organisation mit staatlichen und lokalen Untergruppierungen. Ein Novum war es, daß Männer von der aktiven Beeinflußung der WCTU-Politik ausgeschlossenen waren, sie konnten allenfalls passive Förderer der WCTU-Angelegenheiten werden. Hier war die WCTU radikaler und separatistischer als jede andere Frauenorganisation im letzten Drittel des 19.Jahrhunderts, auch die der Suffragetten.

5.5. Die WCTU: eine heterogene Institution

Diese Mischung von radikalen Positionen und konservativen bzw. traditionellen Anteilen, wie sie sich etwa in der Bekehrungs- und Rettungsarbeit an einzelnen Trinkern zeigte, trug viel zum wachsenden Erfolg der WCTU und deren zunehmendem gesellschaftlichen Einfluß bei. Allerdings trugen hierzu eine ganze Reihe von Veränderungen im Alltagsleben der Frauen bei, die ich hier nur benennen kann, ohne genauer darauf einzugehen: Die Frauen verfügten in sehr viel größerer Zahl über eine allgemeine Schulbildung, die Mittelschichten waren zahlenmäßig gewachsen, mehr Frauen hatten die Arbeit außerhalb des Hauses kennen- und schätzen gelernt: sei es durch die Verwundetenfürsorge während und nach dem Bürgerkrieg oder in der Sonntagsschule; zunehmend entwickelten sich Dienstleistungsberufe für Frauen in den neuen Kaufhäusern und den Verwaltungen der großen Korporationen. Die radikale Frauenbewegung schließlich hatte es verstanden, die alte Idee des wahren Frauseins umzuinterpretieren in die neue Idee von der weiblichen moralischen Überlegenheit.

Die Probleme der verstädternden Gesellschaft waren im Verlauf des 19. Jahrhunderts nicht gemildert worden, sondern verschärften sich zunehmend. Die traditionellen Aufgaben der Armen- und Siechenpflege, die Sorge um die Kinder, gerade auch der arbeitenden Klassen, waren größer denn je.

Wieder tritt hier der sozialreformerische Elan der Frauen unter der Flagge der Verteidigung von Häuslichkeit auf: Dabei überschreiten die Frauen die, ihrem Geschlecht gesetzten Grenzen in immer vielfältigerer Weise. Die WCTU baute ein Wohlfahrtssystem auf, daß im letzten Drittel des 19.Jahrhunderts fast vollständig die sozialen kommunalen Aufgaben wahrnimmt. Diese Arbeit wird den Frauen zunehmend bezahlt. Die WCTU selbst gründet Betriebe und schafft so weitere Arbeitsplätze für Frauen. Als Temperenzrednerinnen reisen andere Frauen kreuz und quer durch die USA und rund um den Globus, sie verdienen sich durch Honorare und Spenden ihren Lebensunterhalt und sie entdecken dabei die Welt. Das übrigens ist die Anspielung im Untertitel dieses Beitrags: die Nähe zwischen dry out, austrocknen und try out, ausprobieren, worauf ich mit dieser Formulierung hinweisen will.

Daß sich die WCTU zu einer so einflußreichen Frauenorganisation entwickelte hat auch damit zu tun, daß ihr sowohl in der konservativen Gründungsvorsitzenden Annie Wittenmyer, wie in der 1879 gewählten progressiven Kämpferin für die Frauenbildung und Frauenrechte Frances Willard, zwei populäre und charismatische Führungspersönlichkeiten ein hohes Maß an Ansehen und Einfluß verliehen. Frances Willard muß eine Frau mit einer enormen charismatischen Ausstrahlung gewesen sein, die es verstand, Frauen für selbständiges Arbeiten und Ausprobieren neuer Ideen zu motivieren. Sie schaffte es in wenigen Jahren, daß die WCTU Gremien offiziell die Unterstützung des Frauenwahlrechts zu ihrer eigenen Sache machten.

5.6. Verschiebung von Temperenzarbeit zu Frauen-Temperenz-Politik

Während Frances Willards Präsidentschaft von 19 Jahren veränderte sich die Frauentemperenzstrategie ganz erheblich. Es kommt zu einer wesentlichen und bedeutsamen Verschiebung in den Gewichtungen der Temperenzarbeit. Schon bis zur Gründung der WCTU hatte es eine wesentliche Verschiebung geben: Auch wenn der Mann der Mittelpunkt der Temperenzanstrengungen der Frauen war, hatten die Frauen mehr und mehr sich selbst wechselseitig unterstützt, ihre Arbeit am temperenten Mann leisten zu können. Nun in der WCTU verschiebt sich das Interesse mehr und mehr auf die Frauen selbst, auf ihre Organisierung und ihre verschiedenartigsten Temperenzaktivitäten. Unter der Präsidentschaft von Frances Willard tritt ein weiterer entscheidender Wandel ein: Frauentemperenzarbeit wandelte sich zur Frauenpolitik anhand von jedweder Fragestellung, die mit der Temperenz und den Temperenzinteressen von Frauen in Verbindung zu bringen war. Die WCTU wurde damit zu einer Organisation, die explizit Frauenpolitik betrieb, sich politisch einzumischen begann und das aufbauend auf einem wachsendem Selbstbewußtsein ihrer breiten kleinstädtischen und ländlichen Mitgliederstruktur.

Aus einer Strategie, die auf die Veränderung des Mannes gerichtet war, wurde die Temperenzfrage zu einem taktischen Instrumentarium, um Frauenpolitik machen zu können. Dort, wo Frauen das lokale Wahlrecht erhielten, gelang es ihnen immer häufiger, prohibitive Gesetze durchzubringen, und die amerikanische Schnapsindustrie wußte ihre politische Gegnerin sehr wohl zu schätzen: Sie brachte einen großen Teil der Mittel auf, um den Kampf gegen das Frauenwahlrecht zu unterstützen. Es gehört zu den Ironien der Geschichte, daß der Zusatz zur amerikanischen Verfassung, der die nationale Prohibition betraf, wenige Monate vor Verankerung und Einführung des allgemeinen Frauenwahlrechts in die Verfassung vorgenommen wurde.

5.7. Forderungen und Utopien: Home-Protection und Do-Everything-Policy

Kommen wir nochmals zurück auf die drei Jahrzehnte, in denen die WCTU die führende und einflußreichste Temperenzbewegung, die Frauenmassenbewegung und ein Instrumentarium der Verwirklichung und Entwicklung von national wirksamer Frauenpolitik war.
Was machte die WCTU zu einer so erfolgreichen Organisation? Frances Willard stellte die Arbeit der WCTU unter den Begriff der "Homeprotection", dem Schutz der Häuslichkeit und der Familie. Sich für die Belange der "Homeprotection" einzusetzen entsprach den traditionellen Pflichten der Frau. Frances Willard entwickelte darüber hinaus den Slogan der "Do Everything Politik", den sie selbst nie eindeutig definierte, doch wesentliche Argumentationsmuster von ihr waren: Daß Frauen alles tun und an allen Orten wirken und in allen Fragen mitreden müssen, die die Belange der Häuslichkeit und Temperenz betrafen. Nicht alle Fragen waren in der Temperenzfrage unterzubringen, aber, so ihre Argumentation, in allen Fragen konnte ein Temperenzaspekt aufgetan werden.
Diese Politik machte es Frauen möglich, die Grenzen ihrer Rolle, die Grenzen der weiblichen Welt immer weiter auszudehnen, ohne die Geschlechterrollen selbst in Frage zu stellen. Selbst so radikale Forderungen wie die Einbeziehung des Mannes in die Haus- und Kinderarbeit wurden so möglich, weil sie als Verteidigung des Heims und Verbesserung der Beziehungen zwischen Mann und Frau im Interesse einer sittlichen Hebung des männlichen Geschlechts begriffen wurden. Es ging nie explizit um eine Infragestellung der geschlechtlichen Arbeitsteilung und des grundsätzlichen Geschlechterarrangements in den Mittelschichten. Es ging der WCTU, so meine These, um eine Emanzipation der Frau zu konformistischen Bedingungen.

5.8. ...und die ökonomischen Zwänge andererseits

Der Einfluß von Frances Willard schwand nicht wegen ihrer radikalen Auffassungen über die gleichberechtigte und gleichverpflichte Arbeitsteilung in der Familie, vielmehr wuchs Kritik an Willard dann, als sie sich für die Ideen des christlichen Sozialismus begeisterte. Daß sie öffentlich das Credo der Temperenzbewegung, daß die Trunksucht zur Armut führt, so weit in Zweifel zog, daß sie ausführte, auch Armut könne sehr wohl der verursachende Faktor für die Entwicklung der Trunksucht sein, d a s war ein Skandal. Diese Politisierung von Frances Willard machte das Gros der WCTU-Mitgliedschaft nicht mit, und ein erster Versuch, sie abzuwählen, wird 1897 unternommen. Im darauffolgenden Jahr starb Frances Willard, deren Gesundheit durch den unermüdlichen Einsatz früh verbraucht war.

Durch diesen Todeszeitpunkt wird allerdings verdeckt, daß sich das Machtgefüge innerhalb der amerikanischen Alkoholgegner und Temperenzbefürworter insgesamt mit der Gründung der Anti-Saloon-League, 1896, entscheidend zu verändern begonnen hatte. Innerhalb kürzester Zeit wird diese Gruppierung zur einflußreichsten Organisation. Ihr wichtigstes Ziel ist die Prohibition und die Abschaffung des amerikanischen Saloons - nicht die Trinkerrettungsarbeit, nicht die Verbesserung der Lage der Frauen. In der WCTU gewinnen die konservativen Kräfte mehr und mehr an Einfluß zurück, während sich die jüngeren Frauen von anderen Organisationen, die jetzt erst, um die Jahrhundertwende, entstehen, weitaus mehr angezogen fühlen wie von der WCTU. Doch selbst dort bleibt Abstinenz als Lebensstil für viele Reformerinnen ein wesentliches Element von Reformpolitik. Doch wird Abstinenz nun wieder zu einer eher privaten Angelegenheit und nicht mehr zu einem politischen Instrumentarium.

5.9. Die WCTU als "Super-Struktur"

Zu der Bilanz, die Willard über die Jahrzehnte ihres Wirkens in der WCTU zog gehört es, daß sie sehr klar bemerkte, daß die WCTU-Arbeit wesentlich mehr zur Emanzipation der Frauen, ihrem Vordringen in viele Bereiche des öffentlichen Lebens geleistet hatte, ihrer Teilnahme an den öffentlichen Debatten, wie zur Abschaffung des Saloons und der Alkoholübel.Frances Willard hat vermutlich die Rolle der WCTU idealisiert und übertrieben, jedoch zeigt ihre Zuordnung und Einordnung der WCTU im Vergleich zu den anderen Frauenorganisationen im letzten Drittel des 19.Jahrhunderts, daß sie eine Vision von der besonderen politischen Bedeutung der Frauenpolitik im Namen der Temperenzsache hatte: "Ich werde ein Thema von überragendem Interesse und Wichtigkeit in einer sehr praktischen Weise zu skizzieren versuchen. Mehr wie jede andere Gesellschaft die jemals gebildet wurde ist die WCTU ein Exponent dessen, was das beste dieser Zivilisation der jüngsten Zeit ist. Ihr Umfang ist der breiteste, ihre Ziele sind die wohltätigsten, ihre Geschichte die heroischste. Ich erbringe große Bewunderung den hervorragenden Erfolgen von Frauen in der Kirchenarbeit und in den Auslands-Missions-Gesellschaften, welche meine erste Liebe als Philantrophin waren, aber in beiden Fällen beeinträchtigt der denominale Charakter dieser Arbeit seine Einheit und Breite. Dasselbe trifft zu auf die erzieherischen Unternehmungen von Frauen, glorios wie sie sind. Ihre vielseitige Wohltätigkeit, in Heimen für die Waisen und Bedürftigen, Hospitälern für die Kranken und Zufluchtsstätten für die Alten, sind die Bewunderung aller großzügigen Herzen, aber sie sind lokal in ihrem Interesse und das Resultat einer liebevollen Arbeit isolierter Gruppen. Das gleiche gilt für die Gefängnis- und die Arbeitsschulen der Frauen, die sich mit solch mildtätiger Raschheit multiplizieren. Noch vergesse ich die Sanitätsarbeit der Frauen, die wie ein himmlischer Regenbogen über der grausigen Front des Krieges leuchtete; aber noble Männer teilten sich in diese Arbeit und die Ehre auf diesem erinnerungswürdigen Feld. Noch bin ich uneingedenk der Assoziation Christlicher Frauen, die in den meisten unserer großen Städte stark vertreten ist und die einen kühnen Kampf für den Friedensfürst führt, aber sie erlauben zu ihren heiligen Scharen nur Mitglieder der Kirchen, die als Evangelikalen bekannt sind. Es ist mir fern indifferent gegenüber jener elektrisierenden intellektuellen Bewegung zu sein, aus der literarische und ästhetische Gesellschaften hervorgingen, in denen die Frauen das Studium der klassischen Geschichte, Philosophie und Kunst verbinden, aber diese haben keine nationale Einheit; oder den "Woman's Congress" zu vergessen mit seinen jährlichen Treffen und weitem Blick, aber einem Mangel an lokalen Hilfsvereinigungen; oder die "Exchanges" (Tauschbörsen), wo Frauen, zu arm oder stolz ihre Waren an die Öffentlichkeit zu bringen, geholfen wird, Geld in ihre Börse zu bekommen, denen es aber an Zusammenhalt mangelt; die staatlichen und assoziierten Wohlfahrtseinrichtungen, wo Frauen viel der Arbeit leisten und Männer meistens die Leitung haben. Aber wenn das alles gesagt ist, ist die WCTU, lokal, in den Staaten und national, in der Reihenfolge ihres Wachstums, mit ihrem einzigartigen und himmlischen Ursprung, ihrem stetigen Marsch, ihren vielfältigen Hilfsvereinigungen, ihrem gesegneten Ausstrecken in den großzügigen Süden und zu der fernen Grenze, ihren breiten Sympathien und ihrem reichlichen Entzücken das an alle guten und wahren Frauen gespendet wird, die bereit sind die Hände zusammen zu bringen im gemeinsamer Anstrengung ihre Heime und Lieben von den Zerstörungen des Trinkens zu schützen, (- wenn das alles gesagt ist, ist die WCTU, Einfügung Ch.A. -) eine Organisation ohne Vorbild einzig dem, das in der himmlischen Vision auf dem Berg des Glaubens gesehen werden kann und ohne Peers unter den Schwesternschaften, die sich selbst um das Kreuz Christi gruppiert haben."(Willard, 1972: 39f.)

6. Abschließende Betrachtungen
6.1. Modernisierung der Geschlechterrollen zu konformen Bedingungen

Ich möchte nun zum Abschluß meines Beitrags kommen und die Gelegenheit nutzen, einige der Fragen aufzuwerfen, die sich für mich aus diesem Studium der Frauen-Sucht-Geschichte ergeben. So wie ich hier die Temperenzbewegung auf dem Hintergrund der Ergebnisse der amerikanischen Frauen- und der Sozialforschung dargestellt habe, war ein entscheidender Aspekt des Diskurses hinter oder zwischen dem Diskurs über die Verringerung oder Abschaffung der Alkoholgefahren der, um die Modernisierung bzw. Reformierung der Geschlechterbeziehungen. Die Temperenzbewegung, so meine These, diente sowohl der Propagierung neuer, wie der Überwindung alter Leitideen über den Platz von Frauen und Männern in der Welt und über die jeweiligen Nuancen der geschlechtlichen Arbeitsteilung und ihre ideologische Untermauerung. Ich bin der Auffassung, daß insbesondere in den ersten drei Jahrzehnten der WCTU, Frauen sich auf diese ideologische Ebene bezogen haben, um radikale Frauenpolitik zu machen, ohne selbst radikale Suffragetten sein zu müssen. So wurde die WCTU zur Sponsorin einer konservativen Frauenemanzipation, die sich der Alkoholfrage bediente, um eine Modernisierung des Geschlechterverhältnisses ohne Infragestellung der grundsätzlichen Machtverteilung zu propagieren. Eine Modernisierung, die im Einklang mit den sozioökonomischen und soziopolitischen Erfordernissen der kapitalistischen Entwicklung im Übergang zum 20.Jahrhundert stand. "Try out the world!" lockten nämlich auch die nun entstehenden großen Korporationen und Warenhäuser auf der Suche nach gut ausgebildeten weiblichen Arbeitskräften.

6.2. Ausblick

Es ist ein bislang nicht bearbeitetes Paradox, daß während der Jahre der amerikanischen Prohibition, die wir besser als die "Roaring Twenties" kennen, die jüngeren Frauen-Generationen zu Mit-Trinkerinnen ihrer männlichen Geschlechtsgenossen werden. Wieder ist es im übrigen eine Frauenorganisation, die im Namen von Weiblichkeit und nun in Verteidung der Rechte der Häuslichkeit gegenüber staatlichen Eingriffen in ihren Wirkungsbereich, zu einer

breiten Mobilisierung der Frauen für die Aufhebung der Prohibition führen: im Namen der Verteidigung des Einflußes der Frauen auf Männer und Kinder im häuslichen Bereich.
Als sich wenige Monate nach der Aufhebung der Prohibition die Selbsthilfeorganisation der Anonymen Alkoholiker gründete, wird der Anfang der modernen Alkoholismus-Bewegung auf der Laienseite gelegt. Ohne die unermüdliche und unerschütterliche Arbeit der Ehefrauen der AA-Gründungsväter und ohne den Aufbau einer neuen nationalen Organisation, den National Councils on Alcohol (NCA), in der weibliche AA's und Ehefrauen von Trinkern eng miteinander arbeiteten, ist die Popularität der AA und ihres Denk- und Handlungsansatzes im übrigen auch nicht zu begreifen.
Was die Situation der sich unermüdlich aufopfernden Ehefrau des Trinkers betrifft, ist hier in neuerer Zeit ein wesentlicher Paradigmenwechsel seit der Ablösung der Temperenzbewegung durch die Alkoholismusbewegung zu verzeichnen: Wahres Frausein führt heute unweigerlich zur Co-Abhängigkeit, aber der Geschlechterkonflikt selbst läßt sich noch immer gut hinter dem Suchtaspekt "verborgen" diskutieren. Dieses Schutzschild der WCTU ist also noch immer in Gebrauch.

Mit diesem Exkurs in die Gegenwart möchte ich meinen Vortrag beenden und hoffe, daß ich dazu anregen konnte, sich mit Aspekten und Implikationen von Frauen-Sucht-Geschichte weiter zu befassen, die das sozialpolitische Agieren und die Weltanschauungen der handelnden und agierenden Frauen im Bereich Sucht selbst zum Gegenstand haben.
Ich möchte zum Schluß dieses Vortrags einen kühnen, vielleicht vermessenen Wunsch bzw. eine Hoffnung äußern: Ich hoffe, daß wir mit dieser Tagung gemeinsam unserer aktuellen Frauen-Sucht-Geschichte einen neuen Absatz hinzufügen. Ich wünsche Euch allen bei dieser Tagung, die vorzubereiten ein lang gehegter Wunsch von mir war, viel Vergnügen, gute Anregungen und spannende Kontroversen.

Literatur:

Appel, Christa: Frauenfrage und Alkoholpolitik (Arbeitstitel), erscheint Freiburg, 1991
Douglas, Ann: The Feminization of American Culture, New York 1977
Foucault, Michel: Die Geburt der Klinik. Eine Archäologie des ärztlichen Blicks, Frankfurt 1976
Levine, Harry Gene: Temperance and Women in 19th Century United States, in: Kalant,O.J. (Ed) Alcohol and Drug Problems in Women, New York 1980, S.25-67
Rennert, Monika: Co-Abhängigkeit, Freiburg 1989
Willard, Frances E.: Woman and Temperance or, The Work and the Workers of the Woman's Christian Temperance Union, New York 1883, zit.n. Reprint 1972

Ulrike Kreyssig
Drogenpolitik - Frauenpolitik - feministische Politik
Feministische Suchtprojekte - der Sitz zwischen den Stühlen

Bei der Vorbereitung dieses Referats habe ich zum wiederholten Male feststellen müssen, wie stark der Riß, die willkürliche Trennung zwischen Praxis und Theorie, zwischen Gefühl und Verstand, zwischen dem Anspruch, wachsam zu bleiben und sich weiterzubewegen und dem Bedürfnis, sich auf dem Erreichten auszuruhen, zwischen der alltäglichen Arbeit mit Frauen und der Arbeit am Schreibtisch durch mich selbst hindurch geht.

Ich spüre die Kluft als Unbehagen, Unzufriedenheit. Ein Unbehagen an dieser Gesellschaft, dieser Kultur, deutlich vor allem in Zusammenhängen, die von Männern bestimmt bzw. geprägt sind. Das macht sich bemerkbar in Arbeitskreisen, Vorstandssitzungen, bei Kongressen, Tagungen, wo beim Benennen der Kluft nur verächtliche Blicke und Kommentare zu ernten sind - ach die schon wieder; es macht sich aber auch bemerkbar in den fehlenden Möglichkeiten zur Reflexion der täglichen Arbeit oder dem Gefühl der Unzulänglichkeit gegenüber den sogenannten Kopfarbeiterinnen.

Es kostet viel Mühe, Rückbesinnung auf sich selbst und Energie, diese Trennung, die das Patriarchat in uns hineingepflanzt hat und die uns häufig lähmt, bewegungsunfähig macht, zu überwinden, außer Kraft zu setzen und dabei zu bleiben, daß wir ganz, heil, integer, authentisch werden und sein möchten und daß Feminismus die Grundidee von dieser Ganzheit ist.

In Bezug auf die Arbeit mit süchtigen Frauen ist es wichtig, immer wieder Entwicklungen, Tendenzen in der Drogen- und Frauenpolitik auf den Hintergrund und auf das Selbstverständnis feministischer Arbeit im Drogenbereich zu projizieren, daran zu überprüfen, zu messen, eigene Standpunkte zu entwickeln oder bestehenden etwas entgegenzusetzen.

1. Drogenpolitik *

(* Die Abschnitte, bzw. Begriffe, Drogen/Frauenpolitik, feministische Politik beziehen sich auf die sog. illegalen Drogen und auf diesen Bereich der Drogenarbeit.)

Sucht- bzw. Drogenpolitik ist zum Kriegsschauplatz männlicher Machtgelüste verkommen. Die Medien machen mobil, in regelmäßigen Abständen wird die Anzahl der Rauschgifttoten bekanntgegeben, düsterste Szenarien entworfen.
In ihnen wird jedoch nicht die radikale Zerstörung und Verseuchung der Natur und Umwelt angeprangert, nicht die Anhäufung von ca. 60 Tonnen Sprengstoff auf den Kopf jeder Frau und jedes Mannes in Europa, nicht die offenen Gewalt/Kriegsakte in allen Erdteilen oder die wahnwitzigen Ergebnisse jahrhundertealter patriarchaler Herrschaft sind gemeint - die Schreckensvisionen beziehen sich auf Drogen, vor allem auf sogenannte harte, illegale Drogen. Sie seien es, die der Menschheit den endgültigen Garaus bescheren werden.

Immer neue Wellen von Kokain, Heroin, Crack, Ecstasy usw. drohen uns zu überrollen, die dritte Welt rückt auf bedrohliche Weise näher - eine Art von chemischer Kriegsführung gegen die reichen Industrieländer - denn vorwiegend sind es die armen Bauern, die mehr Geld mit dem Anbau von Mohn oder Cocapflanzen verdienen, als mit Getreide oder Früchten. Oder es sind Länder, deren Agrarwirtschaft in Folge von Kriegen, die unter Beteiligung der sog. Welt-

mächte geführt wurden, z.B. in Vietnam, Afghanistan, praktisch brachliegt.
" Die internationale Drogenindustrie ist die größte und dynamischste Wachstumsbranche der Welt (bei unseren ehemaligen Schwestern und Brüdern in der DDR tut sich jetzt noch ein neuer Markt auf!, Anm. d.V.). Ihre Umsätze werden auf über 500 Milliarden Dollar pro Jahr geschätzt - das ist dreimal so viel wie die gesamte im Umlauf befindliche Dollarmenge, das ist mehr als das Bruttosozialprodukt aller Länder der Welt mit Ausnahme einer Handvoll industrialisierter Länder. Es wird weltweit mehr Geld für Drogen ausgegeben als für Lebensmittel." (Tagesspiegel, Berlin, vom 4.2.90)
Aber auch die Umwelt, das Klima wird in Mitleidenschaft gezogen. In Peru, Bolivien, Kolumbien, wird der Regenwald niedergebrannt, um Cocasträucher anzupflanzen, die so anspruchslos sind, daß sie noch in erodiertem Boden bis zu 3 Ernten pro Jahr abwerfen. Hauptabnehmer sind die USA und Europa.
Die Anzahl der süchtigen Frauen und Männer wird weiter wachsen, ebenso die Angst vor zunehmender Kriminalität, Verelendung, Gewalt, Aids. Damit das System sich nicht selbst entlarvt, muß dieser Entwicklung Einhalt geboten werden, muß so getan werden, "als ob", damit die Gemüter sich beruhigen - eine Kriegserklärung nach der anderen wird veräußert.
Aber dieser Krieg richtet sich nicht gegen die Drogen, nicht gegen die Ursachen von Suchtmittelabhängigkeit und schon gar nicht gegen die Verursacher. Er wird vor allem gegen die Abhängigen geführt und hier vor allem gegen Frauen. (Das zynischste Beispiel hat wohl Frankfurt geliefert mit dem Vorschlag, alle drogenabhängigen Prostituierten mit Methadon zu versorgen, sie damit zu registrieren und wenn nötig, zu kasernieren.)
Es sind Scheingefechte, die geführt werden - um im Sprachgebrauch zu bleiben - als Ablenkungsmanöver von eigentlichen Mißständen. Auf beiden Seiten, auf Seiten der Verursacher und auf Seiten der Bekämpfer von Sucht, wobei diese häufig identisch sind, muß Kompetenz und Potenz bewiesen werden. Es werden Strategien entwickelt, programmatische Erklärungen abgegeben, Positionen erobert und verteidigt, Maßnahmen ergriffen und durchgeführt.

Das prägnanteste Beispiel aus jüngster Zeit, initiiert von unserem Herrn Bundeskanzler, ist der nationale Rauschgiftbekämpfungsplan, in dem übrigens mit keinem Wort die populärsten Drogen - Alkohol und Tabletten - erwähnt werden. Wir erleben in neuer Auflage die Perversitäten männlicher Vorherrschaft. Um Frauen und ihre Interessen, Bedürfnisse ging es in der Drogenpolitik noch nie, und es wird auch nie darum gehen, denn von dieser Seite besteht kein Interesse, daß Frauen nüchtern werden! Von Seiten der Drogen-Politiker wird niemals die Frage nach dem Warum, nach den Ursachen von Sucht gestellt werden. Denn Männer sind selbst-süchtig, nach Geld und Macht. Beides wollen wir Frauen auch, aber es bleibt die Frage nach den Mitteln. Männer tun alles, um Geld und damit Macht zu erlangen, sie lügen, betrügen, korrumpieren, wenden physische und psychische Gewalt an.

Alle Energie wird gebraucht, um die Symptome dieser Sucht zu kaschieren, die Auswirkungen zu bekämpfen und zuzukleistern, damit der Schein der heilen Gesellschaft gewahrt bleibt. Denn würde die Frage nach den Ursachen von Sucht gestellt, wäre jede und jeder einzelne gezwungen, sich mit Sucht, mit dem System von Sucht und dem dieses System stützende Verhalten zu beschäftigen.

Der "Sinn" von stofflicher Sucht bei Frauen bzw. das, was sich dahinter an Gründen, Motiven, Protest, Widerstand und Resignation, an erfahrenen Grausamkeiten häufig verbirgt, darf nicht offensichtlich werden. Das möchte ich an Erfahrungen aus meiner Arbeit konkretisieren:

Das Einstiegsalter der Mädchen in die Drogenscene korreliert häufig mit dem Beginn der Pubertät. Zu diesem Zeitpunkt haben viele Mädchen bereits die Erfahrung machen müssen, daß sie Menschen zweiter Klasse sind. Sie zählen nicht als ganze Person, sondern müssen ihren Körper, ihre Wünsche und Interessen ausrichten auf andere.

Die Familie bietet oft wenig Freiraum, sich entfalten zu können. Im Gegenteil, sie ist häufig der Ort, wo Mädchen auf brutale Weise mit der Macht von Männern, ihren Vätern und der Ohnmacht von Frauen, ihren Müttern konfrontiert werden.

Von über 100 Frauen, die seit 1983 in der therapeutischen Wohngemeinschaft VIOLETTA CLEAN zur Therapie aufgenommen wurden, hatten etwa 75% sexuelle Mißbrauchserfahrungen, und zwar am häufigsten durch nahestehende männliche Familienmitglieder. Mitarbeiterinnen aus anderen Einrichtungen nennen ähnliche Fakten und Zahlen.
Die Vorstellung von der intakten Familie geriert zur Horrorvision.
Die Unmöglichkeit, sich ohne Angst die Welt zu "erobern", Grenzen zu setzen und auszuloten im Zusammenleben und Aufwachsen mit anderen, Leid, Wut, auch Lust und Liebe, Protest und Widerstand ausleben zu können, lassen die Drogen als Ausstiegsmöglichkeit, die Sucht als physische und psychische Überlebensstrategie real werden. Aber der Widerstand, der im Drogenkonsum als eine extreme Ausformung von Verweigerung erscheint, der Wunsch, auszusteigen, bezieht sich nicht nur auf gewalttätige, zerrüttete, verrückt machende Familienstrukturen. Der Widerstand richtet sich auch gegen zunehmenden Leistungsdruck, Konkurrenzkampf, gegen die Überflutung von täglich neuen Horrornachrichten, gegen die Zerstörung von Menschen und der Umwelt durch Männer und gegen das Beteiligtsein und Schweigen von Frauen.
Sucht ist ein letztes Schutzschild, wenn Widerstand nicht offen gelebt werden kann, nicht als solcher gesehen wird oder wenn andererseits durch Suchtmittelmißbrauch eine enorme Anpassungsleistung vollbracht wird. Wenn keine anderen Abwehrmechanismen mehr funktionieren, nicht gelernt werden konnten oder die eigenen Grenzen permanent von außen ignoriert und niedergetrampelt werden.
Nur, wenn wir uns die Mühe machen, hinter die Kulissen zu sehen, wenn wir uns mit dem Protest, dem Widerstand, der Anpassung, Verdrängung, mit der Sucht als Überlebensstrategie aus unerträglichen Verhältnissen, mit den nicht erfüllten Bedürfnissen und Wünschen nach Lebensqualität auseinandersetzen, werden wir die derzeitige Drogenpolitik durchschauen, den Begriff und die dahinterstehende Absicht auch als das auffassen, was wirklich gemeint ist: Menschen, insbesondere Frauen, in ihrer Sucht zu belassen und alle verfügbaren Strategien und Möglichkeiten einzusetzen, um ein

Nüchternwerden zu verhindern. (Der Einsatz von Methadon ist nur ein Beispiel unter vielen).
"Das Suchtsystem und das Männliche System pass(t)en zusammen wie der Deckel auf den Topf. Beide liefern sich gegenseitig Unterstützung, wobei das Männliche System die Sucht benutzt, um seinen Fortbestand zu sichern. Sucht macht uns angst, sie läßt uns den Kontakt zu unserer Realität verlieren und sie beschäftigt uns so sehr, daß uns keine Zeit mehr bleibt, das System in Frage zu stellen. Kein Wunder, daß sie im Männlichen System bereitwilligste Anerkennung findet." (Ann Wilson Schaef, Im Zeitalter der Sucht, Hoffmann und Campe Verlag, Hamburg 1989, S. 26)
Aber "das Suchtsystem könnte ohne seine Co-abhängigen nicht bestehen. Sie sind das Fußvolk, das es trägt, sie sind seine Fürsprecher und Beschützer." (Ann Wilson Schaef, ebd., S. 48)
Zurück übersetzt, bedeutet das, das patriarchale System kann nicht ohne die Frauen existieren, die es mittragen und stützen.

2. Frauenpolitik

Eine Vorbemerkung zu diesem Abschnitt: Es geht mir nicht um eine Minderschätzung der Arbeit, die Frauen in gemischten Projekten und Institutionen für Frauen leisten. Ich weiß um den täglichen Energieaufwand, das sich Abrackern und Abmühen, aber auch um das Bremsende, Einengende, Vergebliche, das oft in dieser Arbeit liegt - zumindest im Hinblick auf eine grundsätzliche Veränderung der gesellschaftlichen Situation von Frauen.

Ich möchte die Behauptung aufstellen, daß Frauenpolitik, frauenspezifische Suchtarbeit - im Gegensatz zur feministischen Suchtarbeit/Politik - Bestehendes nicht wirklich, nicht konsequent in Frage stellt.
Ähnlich wie in der Co-abhängigkeit wird unter den Verhältnissen gelitten, dagegen protestiert, mit andern, v.a. Frauen darüber gesprochen, wie unerträglich es ist, mit einem Süchtigen, resp. Mann zusammenzuleben, daß die Tatsache der Sucht alles bestimmt, alle

Winkel und Ritzen des eigenen Lebens durchdringt, nichts eigenes mehr bleibt, sondern alles, sowohl Abgrenzung, wie Zuwendung sich am Mann, am Süchtigen orientiert. Die Frau fühlt sich ständig ausgelaugt, ihrer Mühen beraubt, denn nichts ändert sich von Grund auf, lediglich an den Symptomen arbeitet sie sich ab.
Gleiches geschieht in der Frauenpolitik, in frauenspezifischer Suchtarbeit. Viele Frauen formulieren seit Jahren ihr Unbehagen und teilweise auch scharfe Kritik an der bestehenden, vorwiegend an Männern ausgerichteten Drogenarbeit. Das wird deutlich in Seminaren, bei Tagungen und in Arbeitskreisen/gruppen. Es gab und gibt viele Aha-Erlebnisse, selten jedoch folgen weiterreichende Konsequenzen, Handlungen. Systemimmanent, projektimmanent werden Frauengruppen gegründet, für die paritätische Besetzung in Teams gesorgt, aber wie viele Frauen übernehmen Leitungsfunktion? Und selbst das garantiert nicht, wenn die Strukturen gleichbleiben, daß sich für Frauen etwas zum Positiven hin verändert.
In Frauenzusammenhängen wird Ärger und Enttäuschung über die Begrenztheit der Arbeit formuliert, sich über kleine Veränderungen und Zugeständnisse gefreut und häufig wieder in die alten Verhältnisse, Abhängigkeiten zurückgekehrt. Frauen sagen, ich kann nicht, ich traue mich nicht, das ist zu schwierig usw.; ich kann mich nicht ständig auseinandersetzen, ein angespanntes Klima ertragen, eindeutige und damit angreifbare Positionen beziehen.
Frauen geben sich oft mit "ein bißchen" zufrieden, mit kleinen Erfolgen, Halbheiten. Nur keine Risiken eingehen, nur nicht zu radikal werden, sich schützen vor gesellschaftlicher Ächtung durch Männer und auch durch Frauen. Ein wenig hineinschnuppern in andere Denkweisen, Realitäten, in der Phantasie etwas wagen, was wäre, wenn... - aber sehr schnell folgt in der Regel der Rückzug.
Diese Haltung sichert Männern immer wieder ihre Übermacht, sie sind sicher und geschützt durch die Nicht-Einmischung von Frauen. Früher hieß das von Männern gegenüber Frauen ausgesprochene Verbot: Du darfst nicht. Männer als verbietende Instanz sind heutzutage verschwunden, bzw., auf ein Verbot hin ernten sie Widerstand und Ärger. Trotzdem funktioniert das System der Nicht-Einmischung von Frauen weiter. Sie haben nämlich das Verbot längst

verinnerlicht, setzen sich inzwischen ihre eigenen Grenzen und Tabuzonen, trauen sich nicht in neue Bereiche hinein. Wenige Frauen sind mutig genug, Eigenes zu entwickeln, auf die Beine zu stellen, alte Positionen zu hinterfragen und zu verlassen.
"Die eigene tiefe Irritierbarkeit ist überhaupt die Voraussetzung jeder Bewegung..." (Christina Thürmer-Rohr, Mittäterschaft der Frau, Analyse zwischen Gefühl und Kälte, in Mittäterschaft und Entdeckungslust, Orlanda Frauenverlag, Berlin 1989, S. 95)
Die Bewegung bzw. das, was daraus folgt, drückt sich auch aus in der Frage der Autonomie. Wenn z.B. der erste Schritt getan, die Entscheidung, ein Frauen-Sucht-Projekt zu gründen, gefallen ist, stellt sich sofort die Frage nach dem Wie und nach neuen Abhängigkeiten.
Suche ich mir als Träger einen gemischten Verein, eine Institution, gründe ich einen eigenen und gehe damit den schwierigeren Weg? Wie mache ich mich möglichst unabhängig von Rentenversicherungsträgern, Krankenkassen, politischen Instanzen, welche Abhängigkeiten sind unumgänglich und wie gehe ich damit um? Wem überlasse ich letztendlich doch die wesentlichen Entscheidungen, über die Gelder, über Einstellungen, Kündigungen, Belegung, Teamstruktur, Arbeitsweisen, Inhalte etc.?
Wird ausschließlich mit Frauen gearbeitet oder werden männliche Partner, Familieangehörige einbezogen? Dürfen Männer in die Einrichtung? Gibt es ein Verständnis von feministischer Therapie? Wie offensiv werden Positionen, Arbeitsinhalte nach außen vertreten? Wo mischen sich Frauen ein und mit?
" Die Mittäterschaft der Frau an den Interessen der patriarchalen Kultur und ihrer kleinen und großen Akteure ist auch eine Mittäterschaft an der Ausmagerung der eigenen Person. Die verstopften Kanäle zur Welt, die blaß gewordene Sehnsucht, der Schwund an Leidenschaft fürs Ungewohnte und Unwägbare; das sind nicht mehr allein erzwungene Antworten auf Verbote; nicht mehr allein Re-Aktionen auf sanktionierte Abweichungen vom patriarchalen Weiblichkeitssoll. Es sind auch Eigenleistungen der Frau, antiquierte (verinnerlichte, d.V.) Gehorsamshandlungen, selbstquälerisch und funktional zugleich." (Christina Thürmer-Rohr, ebd. S. 138)

Die süchtigen Frauen, mit denen wir arbeiten, dürfen und können nur soviel Platz zur Veränderung und zum Wachstum in unseren Projekten haben, wie wir uns selbst erobert haben und zugestehen. Solange wir uns selbst immer wieder klein halten und klein machen, nicht die Anstrengung auf uns nehmen, uns den Realitäten und damit auch unserer Heimatlosigkeit zu stellen, denn wir werden uns in dieser Männergesellschaft, trotz aller Anstrengung, nie zu Hause fühlen, solange werden auch süchtige Frauen bei uns keine neue Heimat finden.

Die Angst von Frauen vor Öffentlichkeit, vor dem Nach-draußen-gehen, ist groß. Ich habe mich manchmal gefragt, ob in der Arbeit mit süchtigen, drogenabhängigen Frauen so viele Bedürfnisse, auch Machtbedürfnisse befriedigt werden, daß keine Notwendigkeit mehr besteht, Erfahrenes, Erarbeitetes nach draußen, in andere Zusammenhänge hineinzutragen und damit auch in Frage und zur Diskussion zu stellen.

Damit wird m.E. die eingangs erwähnte, lähmende Trennung von Theorie und Praxis fortgeschrieben. Aber nicht nur das, sie führt auch zu einer Trennung zwischen Helferin/Therapeutin/Beraterin und "hilfsbedürftiger" Frau/Opfer/Klientin und sie widerspricht einem Grundprinzip feministischer Therapie.

"Das schwache Opfer braucht die starke Helferin; die starke Helferin braucht das schwache Opfer. Die Aufspaltung in Helferinnen und Opfer konnte geschehen, obwohl das Karitative in der Frauenbewegung weitgehend verpönt war. Unter dem vorgetragenen, aber zunehmend nicht mehr eingelösten politischen feministischen Anspruch konnte sich das Karitative wieder einschleichen in die Beziehung zwischen Frauen in der Frauenbewegung. "...Sie, die Helferin, übertönt das eigene Unbehagen und versucht es zu heilen durch die Suche nach der Frau, der es noch schlechter geht und durch Hilfsangebote an sie... Eine unsichere Helferin, deren politische Ansprüche weitgehend im Beratungsalltag versickert sind, die andere Frauen als hilfsbedürftig und schwach erlebt, kann auch an die eigene Stärke nicht mehr recht glauben." (Heidrun Ehrhardt, Die Wiedergeburt des Opfers als politisches Subjekt, Beiträge zur feministischen Theorie und Praxis, Heft 24, S. 42)

Indem Frauen ausschließlich im Kontext von Beratungs-/therapeutischer Arbeit verbleiben, nicht mehr gesellschaftliche Zusammenhänge herstellen, Macht- und Gewaltverhältnisse öffentlich benennen, stellen sie immer wieder eine unheilige Allianz mit Männern und damit auch mit Tätern her. Sie bleiben mit dieser Art von frauenspezifischer Arbeit die Stützen des Systems.

Erfahrungen und Gewalterlebnisse süchtiger und nicht-süchtiger Frauen werden individualisiert, z.B. in Frauengruppen in gemischten Einrichtungen, wenn nicht gleichzeitig männerspezifisch gearbeitet wird und eine Umsetzung auf politischer Ebene erfolgt. Es muß dafür gekämpft werden, daß sich die Lebensbedingungen von Frauen insgesamt verändern.

Um einen solchen Schritt zu tun, ist jedoch der eigene ständige Reflexionsprozeß Voraussetzung, das Überwinden von Ängsten und die Übernahme von Verantwortung notwendig.

Die Beraterin/Therapeutin trägt hier nicht nur die Verantwortung für den konkreten Beratungs-/Therapieprozeß, sondern sie muß ihre Aufmerksamkeit auch darauf richten,"... inwieweit der Anlaß zur Sorge (warum die betreffende Frau Hilfe sucht, Anm.d.V.) zukünftig fortbestehen, welche Entwicklung er also nehmen wird." (Christina Thürmer-Rohr, Mittäterschaft der Frau, Analyse zwischen Gefühl u. Kälte, ebd., S. 92) D. h. , es gilt auch zu fragen, inwieweit die Beraterin/Therapeutin ..."die Bedingungen akzeptiert und mitträgt, unter denen und in die sie die anderen einfügen und lebensfähig halten soll. Neu ist damit das Objekt der Verantwortung." (Christina Thürmer-Rohr, ebd., S. 92)

Solange diese Verantwortung von Frauen nicht übernommen wird, was eben bedeutet, über das Private, Individuelle, über das Kleine, Begrenzte hinaus zu gehen, immer wieder die unangenehme und anstrengende Frage nach der eigenen gesellschaftlichen Position, nach der eigenen Geschichte, dem eigenen Verhalten, dem eigenen Mittun zu stellen - solange wird das Männliche System, das Suchtsystem antizipiert, wird " nur " frauenspezifisch gearbeitet und Politik gemacht.

Das ist m.E. auch eine Erklärung dafür, warum es, neben allen äußeren Hindernissen und Widerständen, bislang nur vereinzelte Frauen-Sucht-Projekte und noch weniger feministische Sucht-Projekte gibt.

3. Feministische Politik, feministische Suchtprojekte, der Sitz zwischen den Stühlen

Ich habe dieses Bild gewählt, weil es für mich in vielerlei Hin-Sicht unsere Position widerspiegelt.
Es bedeutet, keinen festgelegten Platz zu haben, ihn mir auch nicht zuweisen zu lassen, sondern selbst zu suchen, nach Bedarf den Sitz zu wechseln, mal auf der Erde zu hocken, von unten, von der Seite zu gucken, mal auf dem Stuhl zu stehen und Überblick zu gewinnen, mal mit Klappstuhl und mal mit Regiesessel zu kommen - auf jeden Fall sich nicht in die Sitz-Ordnung einzufügen.
Das erfordert eine ständige Überprüfung, in sich hineinhorchen und ein Vertrauen auf die eigenen Gefühle, auf das, was stimmig ist - für mich. Wo und wie, in welcher Position fühle ich mich wohl, heute, jetzt, wenn ich keine finde, die mir paßt, was kann ich tun, um daran etwas zu ändern? (Manchmal hätte ich allerdings gerne einen Liegestuhl irgendwo an einer wunderschönen Strandpromenade, wo ich das Leben einfach an mir vorbeiziehen lassen kann...)
Was ich mit diesem Bild sagen will, möchte ich durch einen Rückblick auf unsere Projektgeschichte und durch einen Einblick in die Grundsätze unserer Arbeit verdeutlichen.
Als wir - zunächst waren wir zwei Kolleginnen, später vier - Anfang der Achtziger begannen, mit süchtigen Frauen zu arbeiten, wußten wir viel und wir wußten wenig von ihrer Problematik. Wenig, weil drogenabhängige Frauen kein Thema waren, weder in der Literatur zu Sucht, noch in Statistiken, einschlägigen Untersuchungen, aber auch nicht in der Praxis der Drogenarbeit.
Viel wußten wir durch unser eigenes Frau-Sein, durch unser Engagement in der Frauenbewegung und durch die Auseinandersetzung

mit Themen, wie sexuelle Gewalt gegen Mädchen und Frauen, Sozialisation, berufliche Situation von Frauen, Mädchenarbeit, feministische Therapieansätze, Selbsterfahrungsgruppen.
Mit diesem Wissen und unzähligen Fragen begegneten wir drogenabhängigen Frauen - im Gefängnis, auf der Scene, wir sprachen mit Frauen aus Beratungsstellen und therapeutischen Einrichtungen. Wissen wollten wir, warum viele drogenabhängige Frauen nicht in Therapieeinrichtungen gehen, wovor sie Angst haben, was sie dort erleben, was ihnen auf der Scene begegnet, was die Sucht, trotz aller Begleitumstände, immer noch attraktiver macht als die Nüchternheit.
Die Antworten machten deutlich: Wenn es eine Alternative für süchtige Frauen geben sollte, eine Therapieeinrichtung, die Frauen anspricht, wo sie sich akzeptiert und aufgehoben fühlen, ein Zuhause finden können, durften und wollten wir nicht auf Bekanntes zurückgreifen. Das hieß, sich abzusetzen von allem Herkömmlichen, was die Therapielandschaft bot: Von großen Einrichtungen, denn wir wollten bewußt eine kleine, mit viel Raum für Individualität; von Hierarchien und Phasen, weil Frauen Anpassung und Unterordnung lange genug gelebt haben; von Selbsthilfegruppen, in denen sich Frauen durchboxen müssen, wollen sie sich einen tonangebenden Platz erobern. Das hieß Abgrenzung von Häusern, die stark nach einer therapeutischen Methode ausgerichtet sind - kurz, Abgrenzung von allen gemischten Einrichtungen. Es gab wenig Orientierungshilfen, Vorbilder. Die Frauen, die therapeutisch in Frauenprojekten arbeiteten, fühlten sich in Suchtfragen häufig inkompetent, grenzten sich lange zeit von süchtigen Frauen ab. Die gemischten Einrichtungen, jedweder Art, grenzten süchtige Frauen aus.
Wir standen also am Anfang eines Weges, von dem wir auch nicht genau wußten, wo er hinführen würde. Angst war im Spiel - genau wie bei den Frauen, mit denen wir arbeite(te)n. Allerdings waren wir überzeugt, daß wir die richtige Richtung eingeschlagen hatten, allen Einwänden und negativen Stimmen zum Trotz. Es bedeutete, wirklich Eigenes zu entwickeln, Standorte selbst zu bestimmen und auszuloten, was ich nach wie vor als ganz große Chance und einen nicht zu unterschätzenden Freiraum begreife.

Zu den Grundprinzipien unserer Arbeit gehören: Selbstbestimmung, Eigenverantwortung, Vertrauen zu den Frauen und in ihre Fähigkeiten, Selbstheilungskräfte, viele Freiräume, Entfaltungsmöglichkeiten, gemeinsame Diskussions- und Entscheidungsprozesse, das Arbeiten mit Rückfällen, Drogenfreiheit in allen zu uns gehörenden Projekten, die Offenlegung von Strukturen, die Zusammenarbeit mit "Ehemaligen". Wir vertreten unsere Interessen, Ideen und Standpunkte in der Öffentlichkeit und legen Wert auf eine weitestgehende Autonomie.Das heißt, Träger der Projekte ist der Verein zur Hilfe suchtmittelabhängiger Frauen e.V., dem ausschließlich Frauen angehören. Finanziell sind wir nicht autonom, sondern abhängig von öffentlichen Geldern. Inhaltlich haben wir jedoch viel Handlungs- und Entscheidungsspielraum.

Wir sind parteilich, d.h. wir arbeiten ausschließlich mit Frauen, ohne männliche Partner oder Familienangehörige direkt einzubeziehen. In den Therapieeinrichtungen und im Nachsorgeprojekt haben Männer keinen Zutritt. Parteilich zu sein bedeutet auch für uns, gemeinsam mit den drogenabhängigen Frauen an der Aufhebung von Unterdrückungs- und Machtverhältnissen, von Frauendiskriminierung und -verachtung, von Sexismus zu arbeiten, sie in ihrem je spezifischen Veränderungs,- und Autonomisierungsprozeß zu unterstützen sowie ihren Widerstand und Protest nach außen zu tragen, der bislang durch Drogenkonsum selbstzerstörerisch gewendet wurde.

Das heißt für uns als Mitarbeiterinnen in einem feministischen Projekt, uns selbst immer wieder zur Diskussion zu stellen, eigene Lebens- und Handlungsmuster zu überprüfen, zu kämpfen, Risiken einzugehen, Veränderungen zuzulassen, Nähe und auch Distanz herzustellen, Machtverhältnisse offenzulegen, uns als "Modell" für ein selbstbestimmtes Frauenleben mit allen Unzulänglichkeiten, aber auch allen Qualitäten anzubieten.

Feministisch zu arbeiten, bedeutet, die Anstrengung zu unternehmen und die Energie aufzubringen, das System - von Drogenpolitik und von Frauenpolitik, von Sucht und Co-abhängigkeit zu durchschauen, in Frage zu stellen und sich damit eben zwischen alle Stühle zu setzen. Es bedeutet aber auch, mit Lust und Leidenschaft die eigenen Interessen zu verfolgen, nicht zahm, gezähmt und halb-

herzig zu arbeiten, sich mit dem zu begnügen oder zu arrangieren, was uns das patriarchale System an "Nischen" zugesteht. Wir sollten endlich unsere weibliche Bescheidenheit aufgeben. Wir können heil werden, ganz sein, wenn wir immer wieder Fragen stellen, anprangern, uns Ein- und Überblick verschaffen, auch schmerzhafte Prozesse durchlaufen, uns verändern wollen - in Bewegung sind.
"Die Frau, die beides kann, beides haben kann: Einblick und Überblick, ist die Frau, die jetzt da ist, die Frau in ihrer gesellschaftlichen Doppelexistenz: Eine Frau, die das Drinnen, das Mitsein kennt und in diesem keine Befriedigung mehr findet; eine Frau, die das Draußen, die Heimatlosigkeit kennt und mit dieser keine Sehnsucht zurück mehr verbindet. Dieses Nicht-befriedigtsein von den Angeboten der Männergesellschaft, dieser ebenso übersättigenden wie armseligen Fehlernährung, und diese Nicht-Sehnsucht nach Rückversicherung, nach Rückkehr und Einkehr: das ist die gesellschaftliche Ausgangslage, die Art von Freiheit, die wir ausprobieren könnten in aller Selbstverständlichkeit und Souveränität." (Christina Thürmer-Rohr, Mittäterschaft der Frau, ebd. S. 102)

Barbara Krebs
Eßstörungen und einige Probleme bei der Entwicklung des weiblichen Körper-Ichs*

Anna B., gepflegt und schlank, betritt das Therapiezimmer. Ihr schwarzes Haar ist schulterlang. Sie trägt ein dezentes Make-up. Ihre wohlproportionierte Figur wird durch Röhren-Jeans betont und mit einem lässigen schwarzen Pullover teilweise wieder verdeckt, der durch einen engen breiten Gürtel in der Taille zusammengehalten wird. Schwarze kleinhackige Stiefel reichen ihr bis zu den Knöcheln. Eine hübsche junge Frau nimmt mir gegenüber Platz und lächelt mich mit ihren großen braunen Augen und ihrem feingeschwungenen Mund an. Plötzlich schlägt sie die Hände vors Gesicht, wendet sich ab und bricht in Tränen aus. Die strahlende Fassade ist zusammengebrochen. Sie stammelt: Ich kann so nicht weiterleben. Ich bin pervers. Seit zwanzig Jahren esse und kotze ich, manchmal dreimal am Tag. Keiner weiß das, selbst mein Mann nicht. Es ist mir unerträglich, weiterhin gegen das Leben anzufressen. Ich bin nur die eine Hälfte von mir. Ich will endlich die andere Hälfte haben, die mir zusteht. Ich stehe mir selbst im Weg. Für mich heißt Hungern hoffen, Sattsein bedeutet, mich selbst aufzugeben.
Nachdem Anna sich ein wenig beruhigt hat, fährt sie fort, "Ich muß zwei Leben führen, ein heimliches und ein offizielles. Die Kraft für zwei habe ich nicht mehr. Das ist unerträglich und anstrengend. Ich versuche ständig, die Wünsche der anderen zu erfüllen. Ich sitze im Kopf des anderen, um alles recht zu machen. In Beziehungen exi-

stiere ich nicht mehr. In meinem Wortschatz gibt es kein Nein. Mein Körper ist eine Eß-Brech-Maschine. Ich behandle ihn wie eine Karosserie, das Verrostete muß ausgebessert werden, die Tür, die klemmt, braucht Öl. Mein Körper ist ein Fremdkörper. Ich bin die Anziehpuppe meines Mannes. Ich habe tausend Diäten gemacht und tausend Diäten abgebrochen. Ich bin ein Diätkrüppel."
Anna ist (idealtypisch) eine von den Frauen, die uns im "Frankfurter Zentrum für Eßstörungen" aufsuchen. Sie ist 36 Jahre alt, hat Architektur studiert und arbeitet halbtags in ihrem Beruf. Sie ist, wie sie angibt, glücklich verheiratet, hat zwei Kinder, einen freundlichen und fürsorglichen Ehemann, der eine gut gehende Rechtsanwaltspraxis betreibt. Nach außen hin stimmt scheinbar alles, sonst stimmt anscheinend nichts. Annas Lebensproblematik wirft viele Fragen auf; einige zentrale möchte ich zu beleuchten versuchen:
1. Warum sind es nahezu ausschließlich Frauen, die in unserer Gesellschaft ein eßgestörtes Verhalten entwickeln; welche gesellschaftlichen Ursachen stehen dahinter?
2. Wie gehen Frauen mit ihrem Körper um, und welcher Zwang steht hinter ihrem "Diätenwahn"?
3. Wie vollzieht sich die Entwicklung des Körper-Ichs?
4. Welche Rolle spielt dabei die Mutter-Tochter-Beziehung?

Eßstörungen sind eine frauenspezifische Krankheit, die zu Beginn des Jahrhunderts erstmals diagnostiziert wurde. In der Nachkriegszeit, zur Zeit des "Wirtschaftswunders", verstärkte sich der Zerfall familiärer Zusammenhänge und traditioneller sozialer Strukturen insgesamt. Magersucht zum Beispiel erwies sich als wirksame "Waffe", das Konstrukt Familie in Frage zu stellen und die Familienharmonie des Mittelstandes lächerlich zu machen. Eine Magersüchtige klagt ihre Familie an. Sie bringt den Hilferuf nach außen, daß innerhalb der Familie etwas in Unordnung ist.
Seit Ende des Zweiten Weltkrieges wurden in den prosperierenden Ländern der westlichen Industrienationen materielle Dinge, Waren wichtiger als die Beziehungen der Menschen untereinander. Selten zuvor sind in einer Gesellschaft so viele Kinder ausschließlich von ihren Müttern erzogen worden, weil die Väter ihrer Berufstätigkeit

außer Haus nachgehen. Die Abwesenheit der Väter verstärkt die Macht der Mütter, und die Kinder sind dadurch einem psychischen Matriarchat ausgesetzt. Omas und Opas, Tanten und Onkel leben meistens nicht mehr in den Familien, so daß eigentlich alle Familienmitglieder - Kinder, Vater und Mutter - davon betroffen sind. Die Väter sind abwesend, sehen ihre Kinder nicht mehr aufwachsen, die Mütter sind den ganzen Tag beschäftigt, ihre Kinder zu erziehen und das oft ohne erwachsene Gesprächspartner - die Kindern müssen dies alles ertragen.

Helge Pross, hat eine wissenschaftliche Studie erstellt, derzufolge Hausfrauen mit ihrer Hausfrauentätigkeit zufrieden sind; zwei Drittel der Hausfrauen sagen, sie seien zufrieden, aber das selbe zwei Drittel der Hausfrauen sagen auch, es sei eintönig. Also muß man folgern, das zwei Drittel der Hausfrauen "eintönig zufrieden" sind, das heißt, der Untergang der weiblichen Empfindsamkeit hat stattgefunden.

Auf der anderen Seite haben Frauen heute, verglichen mit früher, mehr Möglichkeiten, am beruflichen Leben außerhalb des Haushaltes teilzunehmen - zumindest die Frauen des Mittelstandes; zum Beispiel als Lehrerin, Ärztin, Psychologin, Sozialarbeiterin. (Von den BandarbeiterInnen rede ich hier nicht.) Die größere Chancenvielfalt, zumindest in gehobeneren Berufen, bedeutet jedoch, männliche Normen zu übernehmen, in sogenannte männliche Terrains einzudringen. Dies geschieht auf Kosten des Weiblichen und erfordert, weibliche Anteile zu verleugnen. Die in den letzten Jahrzehnten erfolgte, wenn auch begrenzte Loslösung oder Freisetzung vom biologischen Gebärzwang und von weiblichen Rollenklischees haben bei Frauen neue Kräfte freigesetzt, aber auch zu tiefgreifenden Unsicherheiten geführt.

Anna ist Architektin und Mutter; ihre Rollenkonfusion ist groß. An ihrem Arbeitsplatz kann sie nicht das Engagement entwickeln, das sie sich als gute Architektin für sich wünscht; als Mutter und Ehefrau hat sie Schuldgefühle, nicht hinreichend für Kinder und Ehemann zu sorgen. Die Rollenkonfusion und die damit verbundene Unsicherheit in ihrer Identität tragen hohe Kosten. Anna leidet seit 20 Jahren unter einer ausgeprägten Eß-Brechsucht. Mit diesem Symptom protestiert sie heimlich - denn keiner weiß von ihrer Krankheit - gegen diese ihr zugewiesene, aber auch gleichzeitig von ihr selbst angenommene Form des Frauseins. Auf der anderen Seite ist Annas Eß-Brechsucht ein kreativer Akt, mit dem sie sich die Möglichkeit geschaffen hat, in dieser Gesellschaft zu überleben - also nicht zu leben, sondern zu überleben.

Es ist ein frauenspezifisches Verhalten, so wie Anna mit dem Körper zu sprechen und gleichzeitig mit den Körper zu protestieren. Frauen haben die Fähigkeit, sich über ihren Körper auszudrücken, ob sie Kinder bekommen oder nicht; sie können gebären, ob sie es tun oder nicht. Diese Möglichkeit haben Männer nicht. Die Körperlichkeit von Frauen drückt sich auch negativ aus, wenn Frauen zum Beispiel eine Schwangerschaft als "Hausbesetzung" begreifen, die sie selbst ablehnen. Beides, Schwangerschaft sowohl als Fähigkeit zu spüren oder eben auch als Hausbesetzung, drückt die starke Körperlichkeit von Frauen aus.

Der Leib ist nicht mehr Spiegel der Seele der Frauen, der Frauenkörper ist heute zu etwas Machbarem geworden, der durch Diäten zuzurichten oder zu modellieren ist. Es ist kein Zufall, daß das Image des "Models" zum Traum der Selbststilisierung junger Frauen geworden ist: Medienprodukte, ohne Kontakt zu den weiblichen Wünschen und Ängsten.

Anna sagt: "Mein Körper ist eine Eß-Brech-Maschine. Ich behandle ihn wie eine Karosserie. Mein Körper ist ein Fremdkörper." Frauen haben Vorstellungen von sich, wie sie sein sollten, und wissen nicht mehr, wer sie sind. Anna drückt es so aus: "Ich bin die Anziehpuppe meines Mannes". Frauen beschäftigen sich vorrangig damit, wie sie sein dürften und wie sein sollten.

Der Frauenkörper ist zum Kunstprodukt geworden. Sie unterziehen sich Gesichtsoperationen, bei denen sie sich ihr gelebtes Leben aus dem Gesicht nehmen lassen, um einer Idee von Weiblichkeit und Jugendlichkeit zu entsprechen; zurück bleibt eine Fratze. Auch wird der weibliche Körper auf diese Weise vermarktet, so zum Beispiel in der sexistischen Werbung, im sexistischen Umgang der Gesellschaft mit Frauen. Eßsucht ist Körpersprache und Körperverweigerung zugleich. Eßsucht ist die jüngere Schwester der "Frauenkrankheit" Hysterie. Denn sowohl bei Eßstörungen als auch bei Hysterie steht der Körper von Frauen im Vordergrund. Sowohl bei der Hysterie als auch bei der Eßsucht gibt es keine medizinisch nachweisbaren Symptome oder Ursachen für die Lähmungen und Zusammenbrüche, für das Dicksein und Dünnsein. Sowohl bei der Hysterie als auch bei Eßstörungen wird Frauen Ich-Losigkeit vorgeworfen; bei beiden Krankheits- beziehungsweise Protestformen handelt es sich um einen besonders qualvollen Weg zur Ich-Findung - ein einsamer Weg und die vermeintlich einzige Möglichkeit, sich selbst zu spüren. Anna drückt diese Verzweiflung folgendermaßen aus: "Ich bin nur die eine Hälfte von mir. Ich will endlich die andere Hälfte haben, die mir zusteht. Ich stehe mir selbst im Weg."

Zusammenfassend läßt sich sagen, daß Eßstörungen bislang die isolierte Antwort von Frauen auf ihre kollektive Unterdrückung in unserer Gesellschaft sind, sie verhungern symbolisch vor den Freßtöpfen der fetten Jahre. Eßstörungen sind Kulturkritik. Eßstörungen sind der Angriff von Frauen auf ihr ureigenes Terrain: auf Ernährung, Versorgung, auf Nähren und Familie. Anna sagt dazu: "Ich kann nicht länger gegen das Leben anfressen. Hungern heißt hoffen, Sattsein heißt für mich, mich selbst aufzugeben."

Die Entwicklung des Körper-Ichs

Hier soll weder die Psychogenese noch die Psychodynamik von Eßstörungen dargestellt werden, sondern ich will versuchen, mich einigen "querliegenden" Betrachtungsweisen zu nähern.

Essen, genährt und gefüttert werden, umsorgt und gepflegt werden, dies sind die ersten Erfahrungen, die ein neugeborenes Kind macht. Mit der Nahrungsaufnahme sind die ersten zwischenmenschlichen Beziehungen verbunden. Der Vorgang der Nahrungsaufnahme dient sowohl der organischen als auch der emotionalen Versorgung des Menschen. Darum ist das Gefühl von Liebe, von Geborgenheit und Sicherheit primär ein körperliches Empfinden und nicht nur ein psychisches.

Die Welt des Säugling kreist ausschließlich um das Essen und ist mit stärksten Gefühlen von Unlust und Befriedigung gekoppelt. Essen und Sättigung sind mit einem tiefen Gefühl der Sicherheit und des Geliebtwerdens verknüpft.

Man/frau spricht von der "zweiten Geburt" und meint damit die soziale Geburt des Menschen, den Kontakt des Babys mit seiner ersten Bezugsperson, und diese ist in der Regel die Mutter, also eine weibliche Person. Die erste Zwiesprache des Menschen mit der Welt ist wortlos. Sie findet statt, wenn der Körper des Neugeborenen erneut mit der Mutter zusammenkommt. In völliger Abhängigkeit macht das Kind seine ersten interpersonalen Erfahrungen und lernt seine emotionalen und physiologischen Bedürfnisse kennen. Mit der Nahrungsaufnahme wird ein Lernprozeß eingeleitet, der sich auf das eigene Körperbewußtsein bis hin zur Entwicklung einer eigenen Identität erstreckt und auch die zwischenmenschliche Kontaktaufnahme umfaßt. Beides sind Grundlagen für den späteren Umgang mit sich selbst und der Welt.

In den ersten drei Jahren lernt das Kind zwischen Ich und Nicht-Ich zu unterscheiden. Es entwickelt ein Körper-Ich. Die Körperwände besitzen zwei Hautoberflächen. Dabei ist die Mundregion der natürliche Brückenschlag zwischen innen und außen. Aus seinem Körperinneren heraus fühlt der Säugling beispielsweise Hunger, der von der Außenwelt befriedigt wird, indem ihm die Mutter die Brust gibt. Langsam lernt der Säugling zwischen Ich und Nicht-Ich und allmählich zwischen Du und Ich zu unterscheiden. Die Entwicklung des Körper-Ichs ist eng gekoppelt mit der Identitätsbildung des Menschen, und ein fehlendes erwachsenes Körper-Ich ist gekoppelt an eine labile Identitätsentwicklung. (Das sind dann die Klienten, die über "innere Leere" klagen und an der zu großen Ambivalenz ihrer inneren Objekte leiden.)

Anna hatte nicht die Möglichkeit, ein stabiles Körper-Ich und damit eine gefestigte eigenständige Identität zu entwickeln. Sie hatte eine überfürsorgliche Mutter, deren einziger Lebensinhalt das Aufziehen von Anna und deren Bruder war. Die Mutter erlaubte sich kein Recht auf ein eigenes Leben; sie lebte dadurch, daß sie ihre Kinder sozusagen mit sich selbst anfüllte, wie Anna es nannte. Auf die frü-

kindlichen Bedürfnisse von Anna reagierte sie fast mechanisch; ständig stillte sie sie, trug sie umher, schaukelte sie, legte sie hin und hob sie wieder auf, so wie es ihren eigenen Bedürfnissen entsprach und nicht denen von Anna. Anna "verhungerte" quasi mit und an ihren eigenen Bedürfnissen und wurde zugestopft mit denen der Mutter. Sie lernte, daß die Bedürfnisse der anderen weitaus wichtiger waren als die ihren.
Anna fühlte sei daher auch später im Leben stark von "außen" geleitet. Sie vermochte kaum zwischen Eigen- und Fremdansprüchen zu differenzieren. Ihr Individuationsprozeß war überschattet. Sie hatte eine diffuse Ich-Grenze und konnte nur schwer zwischen Ich und Nicht-Ich unterscheiden. Darum erlebte sie ihren Alltag so ungeheuer anstrengend. Unter dem Zwang, die Bedürfnisse der anderen erfüllen und annehmen zu müssen, ging sie sich selbst verloren.
"Ich versuche ständig, die Wünsche der anderen zu erfüllen. Ich sitze im Kopf des anderen, um alles recht zu machen. In Beziehungen existiere ich nicht mehr. In meinen Wortschatz gibt es kein Nein", sagt Anna und: "Ich muß zwei Leben führen, die Kraft für zwei habe ich nicht mehr. Das ist unerträglich und anstrengend."
Das permanente emotionale Unbefriedigtsein während der "zweiten Geburt" führt auch zu einer ausgeprägten Gier nach anderen Menschen. Diese Gier, die wiederum auch nicht befriedigt werden kann, erzeugt ständige Leere und versacht ein Gefühl des Hohlseins.
In Annas Freßattacken versucht sich die gestörte Mutter-Tochter-Beziehung symbolisch auszudrücken. Wahllos stopfte sie in sich hinein, was ihr nicht guttat. Das Essen symbolisierte sozusagen die Fremdansprüche ihrer Mutter, die früher in sie hineingestopft worden waren. Der Mund, wie erwähnt als Verbindung, als Tor zwischen Innen- und Außenwelt, erfüllte nicht mehr seine Funktion - weder im physischen noch im psychischen Sinne. Während eines Freßanfalls ist der Mund nicht mehr Prüforgan im Sinne von "Was tut mir gut?" - "Was ist schlecht oder vergiftet?" - "Wieviel kann ich anschließend verdauen?" In einem Eßanfall wird die schlechte Symbiose zwischen Mutter und Tochter wiederhergestellt, denn der Körper gerät dabei in einen Trancezustand, die körperlichen Funktionen werden außer Kraft gesetzt. Hören, Sehen, Schmecken und

Riechen sind auf ein Minimum reduziert, das Wechselspiel zwischen Ratio und Psyche findet nicht statt, statt dessen tritt eine Grenzauflösung ein, eine symbiotische Zwischenepisode zwischen Nicht-Ich und Ich. Die Ich-Du-Beziehung zerfließt, löst sich auf. In einem narzißtischen Selbstrausch wird, allein und abgeschieden von der Umwelt, das Essen in sich hineingestopft.
Während des Freßanfalls entsteht sozusagen eine vor-soziale Situation, die Anna früher mit ihrer Mutter erlebt hat. Jetzt stellt sie sie allein und isoliert mit Hilfe des Essens wieder her. Die Bulimie von Anna steht im Spannungsfeld zwischen symbiotischen Verschmelzungswünschen einerseits und den Bestrebungen nach Individuation und Separation andererseits. Anna kennt nur Völlerei, und Völlerei heißt, sie kann nicht essen, was symbolisch ausdrückt, sie kann sich nicht selbst ernähren. Also: Sie ist abhängig.
Durch selbstinduziertes Erbrechen legt Anna nach dem Fressen sozusagen "Hand" an, im wahrsten Sinne des Wortes; sie nimmt sich selbst in die Hand. Durch das Erbrechen "reinigt" sie sich symbolisch und stößt die Fremdansprüche wieder aus. Über das Erbrechen äußert sie sich folgendermaßen: "Beim Kotzen werde ich wieder zusammengesetzt." Oder: "Nach dem Kotzen bin ich wieder ich selbst." - "Durch das Kotzen nehme ich mir meine Selbständigkeit, und gleichzeitigt kotze ich mich selbständig." - "Beim Kotzen erhole ich mich." Annas Bulimie symbolisiert einen tiefen psychischen Konflikt zwischen Fusion und Separation, dessen Ursachen in ihrer frühen Mutter-Kind-Beziehung liegen.
Anna sagt über ihren Körper: "Da wohne ich in etwas, das soll mein Körper sein. Wenn ich einem großen Menschen begegne, meine ich, größer sein zu müssen. Wenn ich einem kleineren Menschen begegne, denke ich kleiner und zierlicher sein zu müssen. Ich sehe mich immer im Verhältnis zu anderen, und ich sehe nie mich selbst."
Annas frei flotierende Identität nahm, ähnlich einem Chamäleon, alle Färbungen und Schattierungen an, die sich in ihrem Körper-Ich wiederspiegelten. "Ich habe keinen Körper, in bin eine Eß-Brech-Maschine." Sie hatte ein stark ausgeprägtes mechanistisches Bild von ihrem eigenen Körper. Deswegen behandelte sie ihn "wie eine

Karosserie" und empfand ihn als "Fremdkörper", den sie nicht "beherrschte" und gleichwohl immer zu dirigieren versuchte. Wie viele andere eßgestörte Frauen, lehnte auch Anna ihren Rumpf ab, nämlich all jene Körperteile, die Weiblichkeit signalisieren: Brust, Hüfte und Bauch. Der Bauch nimmt eine besondere Stellung ein; er mußte immer ganz flach und platt sein. Der "Bauch" ist der Ort, wo neues Leben wächst, wenn Frauen schwanger sind. Der Bauch ist der sichtbare Ausdruck, an dem sich die äußere Identität von Frauen während der Schwangerschaft verändert. Wenn eine Frau ein Kind austrägt, so ist ihr Körper eine Person und zwei zugleich; sie entwickelt einen Körper im Körper. Das Kind, das in ihr wächst, ist zunächst Teil eines gemeinsamen Körpers und wird erst später zu einem getrennten Teil der Mutter. Auch hier wird deutlich, warum eine Frau so schwer die Grenzen zwischen Ich und Nicht-Ich ziehen kann. Im Wechsel ist die Frau eins und die/der andere zugleich. Diese Erfahrung wird aber nicht nur durch das aktive Gebären vermittelt, sondern sie betrifft auch Frauen, die keine Kinder gebären. Sie lebt als "impliziertes Körperwissen" im weiblichen Körper. Anna war zweimal schwanger und hat diese Erfahrung von Grenzauflösung gemacht.

Zu den "Übergriffen" ihrer Mutter während der Schwangerschaft sagt sie: "Aber auch da verfügte ich nicht über meinen Körper, mir war, als griffe mir meine Mutter in meinen Bauch und hole sich ihren Enkel heraus; und dabei waren es doch meine Kinder." Dies zeigt erneut das Ausmaß von Annas Enteignung. Sie erfährt sich nicht als Subjekt, sondern als Objekt ihrer Geschichte.

Ihr Bauch wird darüber hinaus auch zum Symbol für Fremdansprüche, von außen etwas infiltriert zu bekommen. "Ich fresse alles in mich hinein", wiederholt Anna häufig. Andererseits fühlte Anna auch ihren Bauch mit eigenen Gefühlen angefüllt. "Mein praller Bauch ist eine Kugel, voll Wut, mit der ich jemanden erschlagen könnte." Der Bauch als Waffe? Aus diesem Grund war es gut für sie, wenn ihr Bauch ungefüllt und flach war, denn dann trug sie keine eigenen Ideen und Gefühle in sich.

Magersüchtige und bulimische Frauen haben häufig kalte Füße und kalte Hände, die rot angelaufen sind, d. h. sie sind nicht verwurzelt

im eigenen Leben, können schlecht auf eigenen Beinen stehen und haben Angst vor der Zukunft und vorm Vorwärtsgehen im Leben. Mit den Händen zupacken, Ideen ergreifen und ausführen, ist zu gefährlich für sie; dieses hohe Maß an Eigenständigkeit erzeugt Angst vor Verlassenheit und Versagen.
Bei allen Formen der Eßstörungen findet eine Entgrenzung des Körpers ins Extreme statt:
1. Magersüchtige entleiben sich sozusagen bis hin zum Extrem. Die Betonung der Abwesenheit des Körpers ist wiederum die Betonung der Körperlichkeit.
2. Fettsüchtige beleiben sich und entgrenzen ihren Körper bis zum Extrem.
3. Bulimarektikerinnen sind nach außen in ihrer Körperlichkeit angepaßt. Sie haben meistens Normal- oder Idealgewicht. In Eß-Brechattacken beuten sie wiederum ihren Körper aus, fügen ihm Nahrung zu, die sie anschließend wieder auskotzen.

Eßgestörte Frauen entgrenzen ihren Körper nach dem Motto: "Der eigene Körper hat keinen Sinn mehr." Lieber sind sie No-body als Some-Body. Das fehlende Körper-Ich und die fehlende Körperidentität sind Ausdruck der elementaren Frage: "Wer bin ich?" Die ständigen Gewichtsschwankungen entsprechen der Suche nach Identität. Ein stabiles Körpergewicht entspricht demnach einer stabilen inneren Identität.

Die Mutter-Tochter-Beziehung

Hier sollen nicht die Mütter und Frauen mit Eßstörungen diffamiert und abgewertet werden, auch wenn es den Anschein haben mag.
Auch diese Mütter sind wiederum Töchter von Müttern. Vielmehr soll auf gesellschaftliche Mißstände aufmerksam gemacht werden.
Während Mütter und Frauen bemuttert werden, empfinden sie sich im Vergleich zu Knaben weniger als separates Wesen. Mädchen lernen, sich in bezug auf andere Menschen als sorgende, "mutternde" Menschen zu definieren. Solange es ausschließlich

Frauen sind, die in unserer Gesellschaft "muttern", ist zu erwarten, daß die präödipale Phase der Mädchen länger dauert als bei Knaben. Mütter und Töchter halten Elemente ihrer primären Beziehung aufrecht, wodurch die sich in fundamentaler Weise als ähnlich empfinden und sich nicht lösen können.
Frauen muttern nicht in Isolation, sondern in bestimmten gesellschaftlichen Verhältnissen; das bedeutet bei uns, Frauen muttern unter den Bedingungen der geschlechtsspezifischen Arbeitsteilung einer spätindustriellen Gesellschaft. Vorwiegend sind die Frauen allein für die Kinderaufzucht zuständig. Jungen und Mädchen werden unterschiedlich erzogen und sowohl von ihren Müttern als auch von der Umwelt schon im jüngsten Babyalter unterschiedlich behandelt. Mädchen zum Beispiel werden früher abgestillt und schneller gewickelt. Jungen läßt man mehr Raum und verwöhnt sie mehr. Frauen und Männer entwickeln Persönlichkeiten, die von jeweils unterschiedlichen Grenzerfahrungen bestimmt werden. Während Mädchen die präödipale Liebe zur Mutter weiterführen, definieren sie sich im Verlauf ihres Heranwachsens als kontinuierlich mit anderen verbunden, mit flexibler und durchlässigerer Ich-Grenze. Außerdem benötigen sie eine flexiblere Ich-Grenze für die Schwangerschaft und die damit folgende - immer noch gesellschaftlich bei der Frau verankerten - Kinderaufzucht. Diese Fähigkeit und Anforderungen der Frauen werden aber in unserer heutigen Gesellschaft nicht gefragt; hier wird das autonome Individuum mit ausgeprägter Ich-Grenze benötigt, mobil, verfügbar und überall einsetzbar auf dem Arbeitsmarkt.
Eßstörungen treten vorwiegend während der Pubertät auf. Dies ist sowohl für Mädchen als auch für Jungen die Zeit, in der sie sich als eigenständige Individuen aus dem Familienkreis separieren.
Das heranwachsende Mädchen wird in der Pubertät der Mutter ähnlich, insbesondere physisch; die Menstruation beginnt, die Hüften werden breiter, der Busen entwickelt sich. Die Ähnlichkeit der Körper von Mutter und Tochter ist nicht mehr zu übersehen. Gerade zu dieser Zeit treten Eßstörungen auf, als Versuch, die Individuation und Autonomie zu verhindern, aber auch gleichzeitig sie durch das Essen zu erlangen, sei es aus Abgrenzung oder aus Provokation,

jedenfalls ist Individuation gemeint. Das Mädchen beginnt in ihrem heranreifenden Körper die eigenen Mutter zu bekämpfen, den weiblichen Körper, mit dem sie in frühester Kindheit schlechte Erfahrungen gemacht hat. Andererseits aber ist dieser Körper, der nun weiblich heranreift, ihr eigener Körper, der Körper, den sie lieben und akzeptieren soll. Ihr Körper ist Fremdkörper und Eigenkörper zugleich. Mit der Pubertät wird der Körper zum Fokus nach der Suche von Identität; der Körper wird zum Schauplatz und zum Schlachtfeld der eigenen Auseinandersetzung mit der Umwelt. Der Körper im Körper - ein weibliches Phänomen?
Anna charakterisiert diesen Zustand so: "Ich bin nur die eine Hälfte von mir. Ich will endlich die andere Hälfte haben, die mir zusteht. Ich stehe mir selbst im Weg."
Annas Sexualität, die sich zu dieser Zeit zu entwickeln begann, bereitete ihr damals große Angst. Sie beschreibt ihre sexuellen Phantasien und Bedürfnissen mit den Worten: "Ich hatte viele sexuelle Träume, in denen ich die Sexualität so spürte wie Hunger, der unstillbar ist." Der Ablösungsprozeß Annas von ihrer Mutter schien unmöglich in seiner Widersprüchlichkeit; er läßt sich so charakterisieren:
Die Mutter hatte ihr mangelndes Selbstwertgefühl an Anna weitergegeben nach dem Motto: "Von der Welt hast du sowieso nichts zu erwarten, du bist nichts wert als Frau. Darum bleib lieber bei mir und entferne dich nicht."
Die Mutter signalisierte auch: "Geh' endlich aus dem Hause, mach' das, was ich eigentlich wollte, werde selbständig, aber verlasse mich nicht." Annas Mutter führte kein Eigenleben, und die Kinderaufzucht war ihre einziger Lebensinhalt. Sie nährte sich von ihren Kindern und konnte sie also nicht entbehren. Das Mutter-Tochter-Verhältnis hatte sich sozusagen umgekehrt. Annas erstes Kind war ihre Mutter, die sie nährte.

Die Mutter signalisierte ihr, ihre ungelebten Selbstanteile zu erfüllen, die Wünsche nach Unabhängigkeit, nach beruflichem Erfolg, nach Schönheit und Lebenslust. Engagierte sich Anna jedoch als Architektin, so mahnte die Mutter sie wegen mangelnder Mütterlichkeit.

Wollte Anna den Beruf für zwei Jahre aufgeben, um sich den Kindern und dem Ehemann zu widmen, so pochte Annas Mutter auf beruflicher Selbständigkeit. Wie auch immer sie sich entschied, sie fand bei ihrer Mutter keine Anerkennung und konnte es ihr nie recht machen.

Die Mutter signalisierte ferner: "Von den Männern hast du wenig zu erwarten, das siehst du ja an deinem Vater." Annas Vater war viel auf Reisen gewesen, also wenig zu Hause. Die Mutter allein war für die Kindererziehung zuständig, und der Vater war als Stütze und psychischer Nährer der Mutter nicht vorhanden.

So begann die Zeit der Diäten für Anna. Diäten heißt, sich die eigenen Bedürfnisse zu verbieten, sie zu unterdrücken und sich nach fremd auferlegten Programmen sowohl die psychische als auch die physische Nährung zu verbieten. Diäten heißt, fremdbestimmt zu sein. Anna sagt: "Ich habe tausend Diäten gemacht und tausend Diäten abgebrochen. Ich bin ein Diätkrüppel." Die Folge von Fremdansprüchen waren Annas Gewichtsschwankungen, Ausdruck ihrer instabilen Identität. So hat sie sich verboten, sie selbst zu sein. Annas Eßstörungen waren der gelungene und der zugleich gescheiterte Versuch, sich selbst zu füttern und zu nähren in einer Umgebung von materiellem Überfluß und emotionaler Armut. Ihr Körper selbst wurde zum Ausdruck dieses Widerspruchs.
Diese Ausführungen sollen zeigen, in welch schwierigem, wechselseitigen Beziehungsprozeß Mutter und Tochter die Identitätsfindung von Frauen in unserer Gesellschaft verhaftet ist. Die These, allein das heute vorherrschende Schönheitsideal, das rigide Schlankheitsideal treibe Frauen in die Eßstörung, ist eine Reduzierung der Problematik. Die Ursachen liegen - darüber hinaus - in der tief wurzelnden Identitätssuche und den Autonomiebestrebungen von Frauen in den westlichen Industrienationen.
"Der feministische Blick auf die Sucht" macht es notwendig, sich endlich den Frauenbeziehungen untereinander zuzuwenden. Der jahrelange Blick auf die Männer hat dazu geführt, uns Frauen unter-

einander aus dem "Blick" zu verlieren, sowohl in unseren Kräften, als auch in unseren gegenseitigen Lähmungen.

Ein spannendes Zeitalter hat begonnen: Das Zeitalter der Täterinnen hat das Zeitalter der Frau als ewiges Opfer abgelöst."

*) Bereits veröffentlicht in: Engelbert Fuchtmann (Hrsg.): Identität und Sexualität. Süchtige zwischen Selbstheilung und Selbstzerstörung. 13. Freiburger Sozialtherapiewoche. Lambertus-Verlag, Freiburg im Breisgau 1988

Irmgard Vogt
Frauen, Sucht und Emanzipation:
Selbstbilder und Fremdbilder

1. Frauen und Sucht

Die Diskussion über die "Emanzipation der Frau", die mit dem Erstarken der neuen Frauenbewegung in den 70er Jahren in Gang gekommen ist und bis heute nichts an Heftigkeit und Polemik verloren hat, war von Anfang an begleitet vom Diskurs über die Gefahren, die den Frauen aus der Emanzipation erwachsen sollen. In diesen Kontext gehört wohl auch die Diskussion über die Suchtgefährdung der Frau, die 1980 in der Schlagzeile gipfelte: "Emanzipation führt zur Sucht" (FR vom 29. 10. 1980, vgl. Wurzbacher 1981, kritisch dazu Kreyssig und Kurth 1981, Vogt 1985). Frauen haben dagegengehalten und kategorische erklärt: "Emanzipation und (Suchtmittel-)Abhängigkeit schließen sich aus" (vgl. Merfert-Diete 1988, 6). Wie man aus diesem Slogan ersehen kann, haben die Frauen den Fehdehandschuh aufgenommen, den ihnen die Männer spätestens 1980 so plump vor die Füße geworfen haben: Sie haben sich eingelassen auf eine Diskussion über Emanzipation und Sucht, nur haben sie den Spieß umgedreht und behauptet, daß beides einander ausschließe. Im Klartext heißt das, daß eine emanzipierte Frau nicht süchtig bzw. nicht abhängig ist. Das ist eine Behauptung, die sich eine Hinterfragung gefallen lassen muß.

Die Verknüpfung der Begriffe Emanzipation und Sucht ist gerade dann alles andere als selbstverständlich, wenn man über die Emanzipation der Frau redet. Weder die eine noch die andere Behauptung ist also auf den ersten Blick plausibel. Ganz im Gegenteil provozieren alle beide die Gegenfrage: Was hat Emanzipation mit Sucht zu tun? (Vogt 1989). Und weiterhin: Warum sollte eine emanzipierte Frau nicht süchtig werden, d.h. abhängig von einer psychotropen Substanz? Emanzipation schützt ja bekanntlich nicht vor Überlastungen, Einsamkeit und Enttäuschungen usw., und das sind allesamt Faktoren, die auch in die Genese der Substanzabhängigkeiten miteingehen. Eine gründliche Auseinandersetzung mit der These "Emanzipation und (Suchtmittel-)Abhängigkeit schließen sich aus", ist also angesagt. Die folgenden Ausführungen sollen dazu beitragen, die Diskussion voranzutreiben.

2. Sucht und Emanzipation: eine Begriffsbestimmung

Zum besseren Verständnis wird es nötig sein, erst einmal zu klären, worüber gesprochen werden soll. Die Begriffe Sucht und Emanzipation haben beide eine lange Begriffsgeschichte und sind daher vieldeutig. Das macht beide Begriffe unscharf: wir reden sehr leicht aneinander vorbei, wenn wir von Sucht und Emanzipation sprechen, weil wir die Begriffe inhaltlich sehr verschieden füllen. Aus diesem Grund soll die Bedeutungsgeschichte von Sucht und Emanzipation kurz aufgezeigt und der heutige Gebrauch der Begriffe dargestellt werden.

2.1 Sucht und Abhängigkeit

Das Wort "Sucht" (gotisch sauhts), ein Verbalsubstantiv zum gotischen "siukan" (krank sein), wurde im gesamten germanischen Sprachraum in der Bedeutung von "Krankheit" verwendet. Der Begriff diente in erster Linie als Gattungsbegriff für Krankheiten, die nicht auf Verletzungen oder Verwundungen zurückgehen, ja er ersetzte lange Zeit den Begriff Krankheit, der erst im 16. und 17. Jahrhundert aufkommt. In einer eher ungebräuchlichen Nebenbedeu-

tung bezeichnete das Wort von Anfang an auch die Gattung der sittlichen, seelischen bzw. geistigen Krankheiten, soweit diese überhaupt als Krankheiten eingestuft wurden.
Solange Sucht als Gattungsbegriff steht, gehen in den Bedeutungshof alle Vorstellungen mit ein, die man sich im Mittelalter über das Wesen von Krankheiten machte, insbesondere die dämonistische Grundanschauung, nach der sie wie ein böser Geist in den Körper einfahren und wieder ausgetrieben werden müssen. Anklänge an die dämonistischen Vorstellungen von Krankheit findet man in den Alltagstheorien wieder. Jedenfalls sind wir längst nicht so weit von den mittelalterlichen Krankheitsvorstellungen entfernt, wie wir das oft meinen. Auch die mittelalterliche Vorstellung, daß Krankheit die sichtbare Strafe sei für Sünden, lebt bis heute weiter, wie man vielen Publikationen über Krebs und AIDS entnehmen kann (Sontag 1981, 1988).
Als selbständiges Substantiv ist das Wort Sucht seit dem 16. Jahrhundert auf dem Rückzug. Es ist zu Beginn des 19. Jahrhunderts vollständig durch die Begriffe "Krankheit", "Seuche" und "Siechtum" beerbt. Überdauert hat das Wort jedoch in Sammelbegriffen, etwa bei der Schwindsucht (Tuberkulose) oder in Zusammensetzungen wie der Gelben Sucht oder Gelbsucht usw. Dazu kommen eine Vielzahl von zusammengesetzten Begriffen, die sowohl der Bezeichnung von Eigenschaften wie von Bedürfnissen dienen, z.B. die Rachsucht, die Ruhmsucht, die Ehrsucht, die Eifersucht usw, aber auch die Tunksucht. Dabei signalisiert schon die Wortzusammensetzung, daß die Eigenschaft bzw. das damit bezeichnete Verhalten als unvernünftig, meist auch als unmoralisch eingeschätzt wurde und wird.

Zu dem ohnehin schon breiten Bedeutungshof von Sucht kommt schließlich noch die Verknüpfung der Worte Sucht und suchen hinzu. Zu den Charakteristika etwa der Sehnsucht gehört nach diesem Verständnis dann auch, daß der von dieser Sucht Befallene auf der Suche nach der Erfüllung seiner Wünsche ist.
Dieser Sprachgebrauch hat in den letzten Jahren erheblich an Vitalität gewonnen, wie man an den modernen Wortschöpfungen der

Arbeits-, Spiel- und Liebessucht ablesen kann. In diesem Zusammenhang steht auch die Wiederbelebung des eigenständigen Substantivs "Sucht" als eine Art medizinisch-sozialwissenschaftlichen Fachbegriffs. In der Sozialarbeit und in der Psychiatrie gilt "Sucht" heute wieder als Gattungsbegriff für sehr verschiedene Zustände, die man allesamt als krank definiert. "Sucht" macht allem Anschein nach in der 2. Hälfte des 20. Jahrhunderts erneut Karriere.

Begriffsgeschichtlich gibt es also eine Verschränkung der Worte Sucht und Krankheit, nur verkürzt man den Bedeutungshof des Wortes Sucht ganz gewaltig, wenn man mit Dörner & Plog (1976, 175) postuliert: "'Abhängig' ist gleichbedeutend mit 'süchtig', was wörtlich 'krank' heißt" (ausführlich dazu Vogt 1990). Dörner & Plog irren sich, wenn sie Abhängigkeit und Sucht gleichsetzen (vgl. Eichenbaum & Orbach 1988), und sie irren sich gleich ein weiteres Mal, wenn sie alle Sucht als Krankheit bezeichnen. Schon immer gab es sogenannte süchtige Eigenschaften oder süchtiges Verhalten, das andere als unmoralisch einschätzten, aber das deshalb noch lange nicht krank sein mußte. Das gilt ganz gewiß von der "Faulen Sucht" für Faulheit genau so wie von der "Sehnsucht" oder von der "Bösen Sucht", mit der man öffentlichen Aufruhr zu umschreiben pflegte. Selbst bei der Trunksucht ist es bis ins 19. Jahrhundert hinein nicht ausgemacht, ob es sich dabei um eine schlechte Angewohnheit oder um eine Krankheit handelte. Erst mit dem Aufstieg der Psychiatrie als Wissenschaft etablieren sich die "Giftsuchten" als umschriebene Krankheitsgruppe mit ähnlichen Merkmalen, und nur innerhalb der Psychiatrie setzt sich die Meinung durch, daß "süchtig... krank heißt" mit allen positiven wie negativen Folgen für die Erkrankten.

Es ist durchaus denkbar, daß gerade die radikale Vereinfachung komplexer Zusammenhänge, wie sie Dörner & Plog vorgenommen haben, dazu beigetragen hat, ihre These so plausibel klingen zu lassen. Überhaupt dominieren in der Diskussion um Sucht und Substanzabhängigkeit die einfachen Modelle, die die Realität der Betroffenen kaum zu beschreiben vermögen.

Untersucht man die gängigen Publikationen zu den modernen "Süchten" wie "Arbeits-, Spiel- und Liebessucht", dann stellt man schnell fest, daß sie alle vom Modell der Alkoholsucht ausgehen als dem Prototyp von Sucht schlechthin (Jellinek 1960, Anonyme Alkoholiker 1974). Laien wie Experten nehmen demnach an, daß es einen irgendwie feststehenden Mechanismus geben muß, der die Sucht auslöst, die im übrigen ebenfalls nach feststehenden Regeln ablaufen soll. Nun zeigen aber schon eingehende Fallstudien über Alkoholikerinnen (Vogt 1986), daß es höchst unterschiedliche Umstände sind, die im Einzelfall den Beginn der Sucht markieren. Noch viel unterschiedlicher ist der Verlauf der Sucht bzw. die Suchtkarriere, und das gilt sowohl für verschiedene Gruppen von Frauen wie auch beim Vergleich von alkoholabhängigen Frauen und Männern. Von einheitlichen Mechanismen und einheitlichem Verlauf der Sucht kann demnach keine Rede sein.

Wenn schon Alkoholismus höchst verschiedene Verlaufsformen annehmen kann, dann wundert es nicht, daß sich Abhängigkeit oder Sucht von anderen Drogen wiederum ganz anders manifestieren kann als dieser (vgl. Scheerer und Vogt 1989). Die Unterschiede zwischen den Drogen und ihrer Wirkung sowie ihren sozialen Funktionen sind viel ausgeprägter und durchschlagender als oberflächliche Ähnlichkeiten im Karriereverlauf suggerieren. Und was für die verschiedenen Drogen gilt, gilt noch viel mehr für die modernen Spielarten der "Arbeits-, Spiel- und Liebessucht", sofern man dabei überhaupt von Sucht sprechen kann.

Um die Diskussion zu vereinfachen, beschränke ich mich im folgenden auf die, wie es im Diagnostischen und Statistischen Manual Psychischer Störungen (DSM-III-R) heißt, "Störungen durch psychotrope Substanzen". Wenn ich im folgenden den Begriff Sucht verwende, dann nur im Zusammenhang mit dem Konsum von psychotropen Substanzen und der Abhängigkeit von diesen. Ich blende also die nicht-stoffgebundenen "Süchte" aus den folgenden Überlegungen aus, ebenso die Eßstörungen, die nach meinem Verständnis ohnehin anderen Gesetzmäßigkeiten folgen, wenn man die Umstände des Krankheitsbeginns bedenkt ebenso wie den Verlauf der-

selben. Parallelen in der Krankheitsentwicklung sind, wenn man die Unterschiede mitberücksichtigt, durchaus denkbar*.
(* Eine ausführliche Diskussion darüber, wie ähnlich oder eben auch wie verschieden Erkrankungen sind, die auf Substanzabhängigkeit zurückzuführen sind oder auf Eßstörungen, ist zwar angesagt, kann aber hier nicht geleistet werden.)

2.2 Emanzipation

Auch der Begriff Emanzipation hat eine lange Bedeutungsgeschichte: "'Emanzipation', seit den sechziger Jahren ein Schlagwort mit universalem Anspruch, war früher ein terminus technicus des römischen Rechts. Er bezeichnete den Übergang aus der väterlichen Gewalt in zivilrechtliche Selbständigkeit" (Grass und Koselleck 1975, Bd. 2). Er war an die Generationenfolge gebunden und einseitig gerichtet: "der Sohn konnte vom Vater, nie der Vater vom Sohn emanzipiert werden. Andererseits gehörte eine Emanzipation keineswegs zu den Regelfällen. Eine Emanzipation konnte, mußte aber nicht gewährt werden. Die Geschichte des Wortgebrauches ist nun gekennzeichnet durch Bedeutungsausweitungen, die auf diesen zwischen Natur und Recht gestifteten Zusammenhang nie völlig verzichtet haben" (ebd. S. 153).
Emanzipation ist abgeleitet vom lateinischen 'emancipare', einer Wortzusammensetzung von 'e manu capere' das heißt: 'aus der Hand nehmen, herauslassen, freilassen, befreien". Ohne auf die Begriffsgeschichte im einzelnen einzugehen ist festzuhalten, daß die Emanzipation erst im 18. Jahrhundert ein politisches Programm wird, das auch die Frauen einbezog. So foderte Hippel in seiner Schrift von 1792 "Über die bürgerliche Verbesserung der Weiber" die politische Gleichberechtigung der Frauen ein und die "Zerstörung der galanten Bastillen, der häuslichen Zwinger". Hippel versprach aber nicht, daß mit der Emanzipation für Frauen alles besser, angenehmer, leichter würde, vielmehr sprach er davon, daß die Frauen sich "mit Verantwortungen, Sorgen, Unruhen und tausend Unbequemlichkeiten des bürgerlichen Lebens belasten" müs-

sen, um frei zu sein. In den theoretischen Schriften der Zeit, insbesondere bei Fourier (1808), wurde die Befreiung der Frauen aus der hausständischen Ordnung zum Indikator des Fortschritts schlechthin: "Der Grad der weiblichen Emanzipation ist das natürliche Maß der allgemeinen Emanzipation" (zitiert nach Marx, MEW Bd.2, 208). Darüber kam es zu heftigen Auseinandersetzungen zwischen den sehr unterschiedlichen politisch-anthropologischen Schulen und Rich- tungen, was der Emanzipation der Frauen im realen Leben wenig genutzt hat. Die ganze Debatte führte auch noch dazu, daß schon 1847 im Grenzboten nachzulesen war, wie negativ die Emanzipationsbestrebungen von Frauen gesehen wurden: "Wie die Sachen stehen, ist die Emancipation der Frauen ein wahres Schimpfwort geworden" - und daran hat sich bis heute nichts geändert.

Mit dem Beginn der ersten Frauenbewegung in Deutschland um 1850 engagierten sich Frauen aktiv im Emanzipationskampf, der in Deutschland besonders zäh war. "Erst 1893 wurde die Zulassung zum Abitur, erst um 1900 zu den Universitäten erkämpft" (Grass und Koselleck 1975, 190) und erst 1919 das allgemeine Wahlrecht. Auch die Festschreibung des Gleichheitsgrundsatzes von Mann und Frau im Grundgesetz der Bundesrepublik Deutschland 1949 (Artikel 3) hat den Frauen nicht die Gleichheit im realen Leben gebracht, sondern ist noch immer ein Versprechen auf die Zukunft, das sich die Frauen in der Gegenwart mühsam Stück für Stück erkämpft müssen.
Macht man sich daran, die alltäglichen Benachteiligungen der Frauen in der Bundesrepublik Deutschland im Jahr 1990 aufzulisten, bleibt kaum ein Bereich übrig, in dem Frauen im Vergleich mit Männer nicht benachteiligt sind. Das gilt jedenfalls für alle Bereiche des öffentlichen Lebens, d.h. für die Arbeitswelt ebenso wie für die Welt der Politik, der Kunst und der Kultur. Die Benachteiligungen der Frauen im öffentlichen Leben haben unmittelbare Rückwirkungen auf ihre Lage als Familienfrauen bzw. als Frauen mit Kindern. Gerade weil man in der Arbeitswelt noch immer von der Ungleichheit der Geschlechter ausgeht, werden die Lebensbedingungen von

Frauen mit Kindern nicht berücksichtigt, was ihre ökonomischen Chancen und Lebensperspektiven erheblich beeinträchtigt. Das engt die Entscheidungsfreiheit aller Frauen mit Kindern nachhaltig ein und zwar deutlich über das Maß hinaus, das für Frauen allgemein gilt. Der Kampf um die Emanzipation der Frauen ist also noch lange nicht ausgestanden, auch wenn uns das immer wieder suggeriert wird.

So sicher es ist, daß Frauen noch immer diskriminiert werden wegen ihres Geschlechts und aus keinem anderen Grund, so steht aber auch fest, daß die Unterdrückung der Frauen in den letzten 100 Jahren deutlich abgenommen hat. Man kann das an ganz verschiedenen Daten und Fakten festmachen. Zu den wichtigsten Veränderungen zählen zweifellos diejenigen im Rechtsstatus der Frauen einschließlich aller politischen Rechte sowie im Bildungswesen. Erst mit der juristischen Festschreibung der Gleichstellung der Frau mit dem Mann hatten Frauen Mittel in der Hand, mit denen sie sich langsam und mühsam ihre Gleichbehandlung erkämpfen konnten und können, und erst mit der Öffnung des Bildungswesens für Frauen haben sie überhaupt eine Chance, ihre eigenen Interessen zu verfolgen. Im Vergleich mit unseren Urgroßmüttern und Großmüttern sind wir der Emanzipation der Frauen sehr viel näher, insofern wir sehr viel mehr Entscheidungsfreiheiten haben als diese und das heißt auch: mehr Wahlmöglichkeiten. Das gilt für alle Bereiche des öffentlichen wie des sogenannten privaten Lebens. Ganz ohne jeden Zweifel ist das Ausmaß der Sebstbestimmung der Frauen heute ungleich größer als vor 100 Jahren; ganz ohne Zweifel haben wir mehr Freiheiten und mehr Lebenschancen als die Frauen, die um die Jahrhundertwende für ihre Emanzipation auf die Straße gingen und dafür von der Polizei zusammengeschlagen und verfolgt wurden.

Allerdings beschränkt sich der Begriff Emanzipation im feministischen Diskurs nicht auf die an konkreten Veränderungen ablesbaren größeren Freiheitsspielräume und Wahlmöglichkeiten, die sich Frauen erstreiten. Er meint auch, daß es jenseits aller Veränderungen im patriarchalen System eine "weibliche Natur" gibt, die es gewissermaßen erst noch zu entwerfen gilt, weil sie uns derzeit nur als "zerstörte weibliche Natur" begegnet. Die Emanzipation bezieht sich damit auf eine feministische Utopie, die jeseits des herrschenden Systems angesiedelt ist. Diesen Emanzipationsbegriff verwende ich im folgenden nicht. Ich beschränke mich darauf, den Begriff Emanzipation im Kontext zu sehen mit der Befreiung der Frauen von alten (Rollen-)Zwängen in der gegenwärtigen Gesellschaft, mit mehr Wahlmöglichkeiten für sie, mehr Gleichberechtigung und mehr Gerechtigkeit.

3. Was hat Emanzipation mit Sucht zu tun?

Mit Blick auf die Geschichte und vornehmlich diejenige der Emanzipation von Frauen kommt man zu folgenden Schluß: Seit 100 Jahren nimmt das Ausmaß der Unterdrückung der Frauen ab und die Diskriminierung von Frauen in allen Lebensbereichen schwächt sich ab. In ebendiesem Zeitraum hat nachweislich der Konsum von psychotropen Substanzen der Frauen zugenommen, wobei die Zunahme nicht einfach linear verläuft, sondern in engem Zusammenhang mit den historischen Bedingungen zu sehen ist. Auch steigt der Konsum nicht beliebig an, wie man den Statistiken der letzten 10 Jahre entnehmen kann. Wir müssen uns also fragen, ob diese Entwicklungen miteinander in Beziehung stehen, sich gar kausal bedingen, oder ob sie nur zufällig zusammen auftreten und ihre Verknüpfung bestenfalls ideologischen Wert hat.

Der Nachweis der These, daß der Konsum psychotroper Substanzen der Frauen in den letzten 100 Jahren ganz pauschal betrachtet zugenommen hat, ist leicht zu führen. Wenn man die vielfältigen empirischen deutschen Studien und Publikationen über Alkoholkonsum und Alkoholismus um die Jahrhundertwende heranzieht, ergibt sich sehr deutlich, daß die Autoren zwar allenthalben über die Trinkgewohnheiten der Frauen klagen, daß diese aber ganz erheblich weniger trinken als die Männer. Man kann mit guten Gründen davon ausgehen, daß um 1900 viele Frauen so gut wie nie alkoholische Getränke konsumierten, was nicht zuletzt auch ökonomische Gründe hatte: Das Haushaltsgeld reichte in sehr vielen Familien insbesondere der Arbeiterklasse einfach nicht aus für Luxusgüter wie Schnaps und Bier, gar nicht zu reden vom Wein, der ohnehin außerhalb der Weinbaugegenden den Wohlhabenden vorbehalten war. Frauen machen also das Gros der Abstinenten aus und ganz entsprechend sind sie eine verschwindend kleine Minderheit unter den Alkoholabhängigen.

Die Trinkgewohnheiten der Frauen ändern sich allmählich und es sind wahrscheinlich die bürgerlichen Frauen, die hier eine Vorreiterrolle einnehmen (vgl. Baer und Laquer 1907, Hoppe 1904, 432f). Aber es handelt sich nicht einfach um einen linearen Anstieg des Konsums. Vielmehr ändern sich die Trinkgewohnheiten der Frauen mit den historischen Gegebenheiten. In beiden Weltkriegen wurden nicht nur alkoholische Getränke erst rationiert, dann wurde ihre Produktion ganz verboten, sondern der Konsum derselben wurde zudem den Frauen untersagt. Im Ersten Weltkrieg wurde dazu ein Erlaß verfügt, im Zweiten Weltkrieg arbeitete man mehr mit Parolen und Lebensmittelmarken. Folglich sinkt der Alkoholkonsum der Frauen in diesen Zeiten deutlich schneller ab als der der Männer. Auch gewöhnen sich Frauen nach den Kriegszeiten weniger schnell wieder ans Trinken als die Männer. Das schlägt sich nieder in den Konsumstatistiken, denn der Alkoholkonsum der Frauen steigt in den Jahren 1920 bis 1930 und 1950 bis 1960 deutlich langsamer an als der der Männer (vgl. DHS-Statistiken in den Jahrbüchern gegen die Suchtgefahren). Der große Umschwung setzt in Deutschland gemächlich ein und er beginnt, wie in vielen anderen europäischen Ländern auch, nach dem Zweiten Weltkrieg ein. Immer mehr Frauen werden seit den 50er Jahren Gelegenheitskonsumentinnen und der Anteil der Frauen mit Alkoholproblemen steigt besonders in den 60er deutlich an bis in die Mitte der 70er Jahre. Seither stagnieren die Konsumstatistiken und seit Mitte der 80er Jahre auch die Statistiken, die Aussagen zulassen über die Alkoholprobleme von Frauen.

Ähnliche Entwicklungen lassen sich für andere Alltagsdrogen nachzeichnen, wobei sich durchaus auch Entwicklungsverschiebungen ergeben, wenn man einzelne Substanzgruppen betrachtet. Bei den Tabakerzeugnissen nimmt die Zigarette eine Sonderstellung ein, für die Frauen zwar von Anfang an geworben haben, die sie aber erst seit den 60er Jahren in immer größerer Zahl und zunehmender Menge selbst konsumiert haben. Da die negativen Langzeiteffekte mit einer Zeitverzögerung von 30 bis 40 Jahren eintreten, werden die Problemstatistiken also noch geraume Zeit anwachsen. Von einer Stagnation der Statistiken kann beim Zigarettenkonsum der Frauen sowie den damit einhergehenden Folgeprolemen also nicht die Rede sein.

Ich will es bei diesen beiden Beispielen belassen. Man kann eine ganze Reihe weiterer Beispiele anführen zur Stützung der Behauptung, daß in den letzten 100 Jahren sich immer mehr Frauen an den Konsum psychotroper Substanzen gewöhnt haben. Die gewählten Beispiele belegen jedoch auch für sich genommen die Behauptung hinreichend. Stehen die veränderten Konsumgewohnheiten aber auch in Verbindung mit den Emanzipationskämpfen der Frauen?

Ich meine, daß es nur eine sehr lose Beziehung gibt zwischen dem Anstieg des Konsums psychotroper Substanzen der Frauen und ihrer Emanzipation. Eine kausale Beziehung läßt sich nicht konstruieren. Die Schlagzeile "Emanzipation führt zur Sucht", die ja gerade einen solchen kausalen Zusammenhang postuliert, dient mehr ideologischen Zwecken statt analytischen.

Aber man muß auch konstatieren, daß heute Frauen, die als Hausfrauen das Familieneinkommen verwalten (Pross 1975) und die fast alle in verschiedenen Lebensabschnitten erwerbstätig waren oder die voll erwerbstätig sind, die Alltagsdrogen für alle Familienmitglieder besorgen und nach Hause bringen (was sie nachweislich tun) und diese auch konsumieren. So gesehen gibt es wohl schon Zusammenhänge zwischen dem veränderten Status* der Frauen in der Gesellschaft, der sich nicht mehr allein und ausschließlich aus der Position des Mannes ableiten läßt, sondern in den auch die Eigenleistungen der Frauen im öffentlichen Leben miteingehen. Nur ist dieser Zusammenhang nicht kausal; er wird vielmehr durch andere Variable maßgeblich beeinflußt, insbesondere durch die ökonomischen Verhältnisse. Wer das Familienbudget verwaltet, hat eben auch entscheidenden Einfluß darauf, wie es ausgegeben wird, und das nicht nur in der Theorie, sondern ganz konkret beim täglichen Einkauf. Die Genußmittelindustrie hat das längst zur Kenntnis genommen und "bewirbt" Frauen seit Jahren systematisch (vgl. etwa Jacobson 1981) sowohl als Versorgerinnen der Familie wie auch als Konsumentinnen.

(* Es ist durchaus denkbar, daß die Statusveränderungen zu einer Aufweichung der Rollenbilder geführt haben, jedenfalls zu einer Abschleifung der Frauenrolle. Das kann zu einer Fülle von Rollenkonflikten führen, die die Frauen schwer belasten, weil sie einerseits noch die alten Klischees im Kopf haben, andererseits aber in neue Rollen gedrängt werden, die sie noch nicht beherrschen (Krebs 1988, Psychologinnengruppe München 1978, Vogt 1991). Konflikte erzeugen Streß, und psychotrope Substanzen helfen, Streß abzubauen. Das gilt ganz besonders für Zigaretten und Beruhigungs- und Schlafmittel. Es ist nicht ganz klar, ob alkoholische Getränke zur Streßbewältigung ebenso hilfreich sind wie die genannten Mittel, oder ob sie vielmehr Streß aufbauen, den man dann in betrunkenem Zustand abführen kann. Wie dem auch sei, über den Umweg der Rollenverunsicherung und der Rollenkonflikte wäre es dann doch wieder die Emanzipation, die die Frauen einholt und sie für psychotrope Substanzen besonders empfänglich macht. Man wird über dieses Problem weiter diskutieren müssen. Zum gegenwärtigen Zeitpunkt neige ich jedenfalls nicht dazu, die Emanzipationsbemühungen der Frauen in engen Zusammenhang zu bringen mit ihren heutigen Gewohnheiten, Drogen zu konsumieren.)

Es widerspricht auch meinen Verständnis von Emanzipation nicht, daß Frauen, die sich "mit Verantwortungen, Sorgen, Unruhen und tausend Unbequemlichkeiten des Lebens belasten", wie Hippel 1792 die Folgen der Emanzipation umschrieben hat, von psychotropen Substanzen abhängig werden können. Auch für Frauen können die Verantwortungen zuviel, die Sorgen zu groß werden, mit denen sie sich herumplacken müssen. Die Werbung verspricht uns Befreiung von diesen Sorgen durch psychotrope Substanzen. Die

Emanzipation kann uns ganz gewiß nicht davor schützen, auf diese Versprechungen hereinzufallen. Das wird so bleiben, auch wenn wir uns langsam aber stetig mehr Emanzipation, mehr Freiheit erkämpfen. Volle Chancengleichheit mit den Männern, das Ende aller Diskriminierung von Frauen, Gleichberechtigung nicht nur auf dem Papier, sondern in der Praxis macht uns noch lange nicht unverwundbar und unverletzlich. Eben darum werden wir auch weiterhin für Krankheiten anfällig sein, also auch für die Abhängigkeit von psychotropen Substanzen.

Man kann das aber auch ganz anders sehen, wie gleich zu zeigen ist.

4. Frauenbilder

"Abhängigkeit und Sucht, schreibt Soltau (1984 13ff), sind Phänomene, die ... ein generelleres und alltäglicheres Problem darstellen, als wir es üblicherweise sehen... Die Lebensalltäglichkeit von Frauen trägt die Abhängigkeit schon in sich selbst. Suchtmittel zu konsumieren ist nur sichtbarer Ausdruck davon... Ursächlich für dieses Geschehen ist die besondere gesellschaftliche Stellung und Funktion von Frauen. Ihr Leben wird im Rahmen der gesellschaftlichen Arbeitsteilung zwischen Mann und Frau primär durch die Arbeit im privaten Bereich bestimmt... Daher ist es in erster Linie Aufgabe von Frauen, für die Reproduktion der Familie, wie Führung des Haushalts und Erziehung der Kinder, zu sorgen. Auf dieses Ziel und diese Lebensbedingungen hin wird die Frau von Beginn ihres Lebens an sozialisiert. Sie wird damit in Lebensverhältnisse gestellt, die sie von vornherein gesellschaftlich benachteiligen, sie in ihren sozialen Handlungsmöglichkeiten einschränken und so stark an die Familien- und Hausarbeit binden, daß sie darüber in eine Abhängigkeit zum Mann und zur Familie gebracht wird. Das vergrößert ihre allgmeine Abhängigkeit nur noch mehr und schafft eine problematischere Lebensgrundlage... Die Befreiung von den Suchtmitteln ist ein Emanzipationsprozeß, der von der spezifischen Abhängigkeit

von Frauen und ihren ganz konkreten Belangen auszugehen hat und in dem es um die Gewinnung von Unabhängigkeit geht". Es sind diese Prämissen, die Soltau und andere (vgl. u.a. Merfert-Diete 1988) zu der These geführt haben: "Emanzipation und (Suchtmittel-)Abhängigkeit schließen sich aus".
Wenn ich die Ausführungen von Soltau u.a. richtig verstehe, dann umschreibt der Begriff Emanzipation offenbar eine goldene Zukunft, die sie sich für sich selbst und für alle Frauen erträumen. Emanzipierte Frauen sind demnach nicht mehr abhängig, weder von psychischen Bedürfnissen noch von irgendwelchen Stoffen, und ganz bestimmt nicht von Männern. Frei sollen sie sein, die emanzipierten Frauen, unabhängig und stolz, frei in ihren Entscheidungen was die Arbeit angeht und in der Politik. Kurz, es ist eine positive Utopie, die die Frauen mit dem Begriff Emanzipation verbinden - und eine grandiose dazu. Zu Ende gedacht heißt das, daß die wahre Emanzipation auch von Krankheiten frei macht, also unter anderem von Substanzabhängigkeiten.
Dahinter stehen zwei Annahmen über die Ursachen der Substanzabhängigkeit der Frauen: Zum einen die Annahme, daß die Substanzabhängigkeit Folge der gesellschaftlichen Abhängigkeit, genauer der mangelhaften Emanzipation der Frauen ist, und dies impliziert wiederum die Annahme, daß die Frauen in diesem Prozeß nur Opfer sind, nicht aber Mittäterinnen oder gar Täterinnen. Beide Annahmen finde ich problematisch.

Wie ich bereits ausgeführt habe, sind Frauen vor 100 Jahren viel handfester unterdrückt und diskriminiert worden, als das heute der Fall ist. Sie waren rundum abhängig von Männern, sei es dem Ehemann, dem Vater oder sonst einer anderen männlichen Person, da sie z.B. keine geschäftsfähigen Personen waren. Sie hatten viel weniger Freiheiten und Wahlmöglichkeiten als heute, sie waren also viel weniger emanzipiert, als wir das heute sind - und sie konsumierten ganz gewiß weniger psychotrope Substanzen als wir. Der Zusammenhang zwischen dem Ausmaß der Emanzipation, den Frauen erreicht haben bzw. den sie noch nicht erreicht haben, und ihrem Konsum von psychotropen Substanzen geht also genau in

die andere Richtung, als von Soltau u.a. angenommen wird: Je massiver die Unterdrückung der Frauen ausfällt, um so niedriger ist ihr Konsum von psychotropen Substanzen. Das läßt sich zumindest für Deutschland und bis in die Zeit der Industrialisierung belegen. Das schließt übrigens nicht aus, nach gesellschaftlichen Faktoren zu suchen, die Einfluß nehmen auf die Drogenkonsumgewohnheiten der Frauen. Es ist nur eben nicht die Emanzipation, die zur Erklärung dieser Gewohnheiten herhalten kann.
Auch begreife ich Frauen nicht rundum als Opfer der Gesellschaft. Ich gehe von einem anderen Frauenbild aus, das mehr aktive, selbstverantwortliche und ich-bestimmte Anteile hat, als das viele Frauen annehmen. Frauen sind, wie ich meine, nicht nur arme Opfer, sondern zumindest Mittäterinnen, wie Thürmer-Rohr (1989, 87) schreibt: "Mißtrauen gegenüber der Männergesellschaft schließt Mißtrauen gegenüber der Frau in der Männergesellschaft ein. Dieses ist eine folgenreiche Behauptung. Ihr will der Begriff "Mittäterschaft" nachgehen... Frauen sind eingestrickt in die einfachen und komplizierten Macharten dieser Kultur... Frauen profitieren und leiden gleichzeitig an ihrer Teilhabe. Sie waren und sind im Hintergrund unverzichtbar durch ihre Versorgung und Bejahung der Akteure im Vordergrund, durch die systematische und flexible Ausbildung eines Sozialcharakters, der verhältnismäßig gut geeignet ist, um nicht einzugreifen in die Machwerke des Mannes an sich und an der Welt, gut geeignet, sich zu überlassen, mit verzweifelter Gefügigkeit das Jeweilige zu dulden, sich hineinzufinden in Unausweichliches und Unverstandenes".

Frauen stricken also an ihrem Sozialcharakter, an ihrer Identität mit, sie werden nicht nur gestrickt. Als Akteurinnen mindestens im Hintergrund bereiten sie die Strukturen vor, die sie späterhin als unerträglich erleben und die sie schließlich krank machen, auch drogenabhängig. Im übrigen sind es nicht nur Männer, die Frauen in ihrer Entwicklung und bei der Emanzipation behindern, sondern auch Frauen. Frauen sind sich nicht nur Freundinnen, sondern auch Rivalinnen, oft genug auch Feindinnen. Nun kann man wiederum einwenden, das seien alles die negativen Auswirkungen und Verbiegungen, die mit dem Patriarchat einhergehen: Wäre die Psyche der Frauen durch die Männer nicht so geschunden und verzerrt worden, wie wir sie heute vorfinden, gäbe es weder Schwesternstreit noch Feindschaft unter Frauen.

Ich meine, daß wir mit solchen Argumenten einmal mehr Verantwortung abladen und wegschieben, die wir eigentlich übernehmen müßten, gerade auch um Veränderungen in Gang zu bringen. Das schon deshalb, weil hintergründig mit dem Verweis aufs Patriarchat und dessen verheerende Auswirkungen auf die Psyche der Frauen alle Frauen mitdenunziert werden, die sich auf die eine oder andere Weise mit diesem arrangiert haben. Implizit bezieht sich dieser Diskurs also auch auf unsere Mütter, Großmütter, Urgroßmütter, ja auf die gesamte Geschichte der Frauen, und er läuft im wesentlichen auf eine Entwertung der Frauengeschichte hinaus. Damit entwerten wir zugleich Teile in uns selbst, die uns mit der Frauengeschichte verbinden.

Aber dient es nicht gerade dem Patriarchat, wenn die Frauen ihre eigenen Geschichte entwerten und abweisen, sich nicht mit ihr auseinandersetzen, weil sie nicht ganz so heroisch und großartig ist, wie sie ihrer Meinung nach sein sollte? Überlassen wir nicht wiederum den Männern das Feld und die Interpretation der Geschichte, indem wir die Verantwortung dafür verweigern und von uns weisen? Muß das nicht unweigerlich dazu führen, daß Männer einmal mehr das "Wesen der Frau" bestimmen werden? Und schließlich, gibt es wirklich einen anderen Weg zur Emanzipation als den über eine konstruktive Auseinandersetzung mit der eigenen, je individuellen, und der kollektiven Vergangenheit, d.h. mit der Frauengeschichte? Ich sehe vorerst keinen anderen Weg, sich der eigenen Individualität zu nähern als den, Verantwortung zu übernehmen für das eigene Leben ebenso wie für das Kollektiv, die Frauen in der Gegenwart und in der Geschichte.

Literaturverzeichnis

Anonyme Alkoholiker: Das Blaue Buch. Marktoberdorf 1974
Baer,A. und Laquer,B.: Die Trunksucht und ihre Abwehr.Berlin 1907
Diagnostisches und Statistisches Manual psychischer Störungen, DSM-III-R, Weinheim 1989
Dörner, K. und Plog, U.: Irren ist menschlich oder Lehrbuch der Psychiatrie/Psychotherapie, Wunstorf 1978
Eichenbaum,L. und Orbach,S.: Was wollen die Frauen? Reinbek 1988
Grass, K. M. und Kosellleck, R.: Emanzipation, in: Brunner, O., Conze, W. und Koselleck, R. Hg.: Geschichtliche Grundbegriffe. Stuttgart 1975
Hippel, T. G. von: Über die bürgerliche Verbesserung der Weiber. Berlin 1792
Hoppe, H.: Die Tatsachen über den Alkohol. Berlin 1904
Jellinek,E.M.:The Disease Concept of Alcoholism. New Haven 1960
Jacobson, B.: The Ladykillers. London 1981
Krebs, B.: Frau-sucht-Körper, in: Mader, P. und Ness, B., Hg.: Bewältigung gestörten Eßverhaltens. Hamburg 1988
Kreyssig, U. und Kurth, A.: Thema verfehlt! in: DHS, Hg.: Frauen und Sucht. Hamm 1981
Merfert-Diete, C, Hg.: Zur Situation der Frauen im Suchtbereich. Freiburg 1988
Pross, H.: Die Wirklichkeit der Hausfrau. Reinbek 1975
Psychologinnengruppe München: Spezifische Probleme von Frauen und ein Selbsthilfe-Ansatz, in: Keupp, H. und Zaumseil, M., Hg.: Die gesellschaftliche Organisation psychischen Leidens. Frankfurt 1978
Scheerer, S. und Vogt, I., Hg.: Drogen und Drogenpolitik, ein Handbuch. Frankfurt 1989
Soltau, R.: Die frauenspezifische Abhängigkeit von Suchtmitteln, in: Merfert-Diete, C. und Soltau, R., Hg.: Frauen und Sucht. Reinbek 1984
Sontag, S.: Krankheit als Metapher. Frankfurt 1981

Sontag, S.: AIDS and Its Metaphors, in: New York Review of Books S. 89, 27. 10. 1988

Thürmer-Rohr, C.: Mittäterschaft und Entdeckungslust. Berlin 1989

Vogt, I.: Der Vorwurf der Trunksucht als Instrument der Repression: Zur Kontinuität von Vorurteilsstrukturen, in: PG 1985, 9, 7-33

Vogt, I.: Alkoholikerinnen. Freiburg 1986

Vogt, I.: Was hat Emanzipation mit Sucht zu tun? in: Psychologie Heute, Juli 1989

Vogt, I.: Abhängigkeit und Sucht: Anmerkungen zum Menschenbild in Suchttheorien, in: Drogalkohol 1990, im Druck

Vogt, I.: Frauen und psychische Störungen, in: Hörmann, G., Hg.: Klinische Psychologie. Ein kritisches Handbuch. Reinbek 1991

Wurzbacher, G.: Suchtentwicklung und Rolle der Frau aus sozial wissenschaftlicher Sicht, in: DHS, Hg.: Frau und Sucht. Hamm 1980

Carmen Walker-Mayer
Mittäterschaft in der Beratungssituation -
oder die Weigerung der Beraterin, sich mit ihrer "Normalität" auseinanderzusetzen

These 1

Zwischen "Mittäterschaft" und "Co-Abhängigkeit" gibt es eine enge Beziehung (1)

Mittäterschaft beschreibt ein weibliches Verhalten, das sich komplementär zum männlichen äußert (2), und somit zur eigenen Unterdrückung und Entwertung beiträgt (3).

Co-Abhängigkeit beschreibt ein Verhalten, das den Süchtigen davor schützt, die Wirkung und die damit verbundenen Konsequenzen seines Drogenkonsums zu erfahren.

Co-abhängige Frauen, oder "liebessüchtige" Frauen verhalten sich "normal", d. h. sie versuchen den Vorstellungen von "Weiblichkeit" zu entsprechen.
- Sie verwandeln ihre Wut in Mitleid und unterwerfen sich damit dem Aggressionsverbot der weiblichen Rolle
- Sie werten sich dadurch selbst auf
- Sein Versagen ist ihre Schuld
- Sie kompensieren fehlende reale Ressourcen mit Allmachtsphantasien (4)

Der "schwache Mann" stellt einerseits eine Herausforderung für die Frau dar, ihre "weiblichen Qualitäten" zu beweisen, andererseits bietet er ihr die Möglichkeit, sich mit seiner "bedürftigen Seite" zu identifizieren, und sich somit nicht mit der eigenen auseinandersetzen zu müssen.

"Festhalten" am süchtigen Partner kann als Abwehr der Gefühle interpretiert werden, die das Spüren der eigenen Bedürftigkeit bedeuten. (5)

Das Konzept der "Co-Abhängigkeit" dient als "Tarnkappe" unter der die allgemeine Abhängigkeit der Frauen in einer patriarchalischen Gesellschaft verschwindet. (6)

These 2:

Im Unterschied zur süchtigen Frau, die nach ihrer "Kapitulation" zur Beraterin kommt, kommt die Partnerin eines Süchtigen mit dem Wunsch, ihre "Hilfeleistungen" an die Beraterin zu delegieren.

Für die Beraterin ist es schwieriger sich gegenüber der Partnerin eines Süchtigen abzugrenzen, als gegenüber der süchtigen Frau. Durch "Spiegelung" durch die Partnerin ist die Beraterin gezwungen, sich mit ihrer "Normalität" auseinanderzusetzen.

Die "Normalität" der Beraterin ist gekennzeichnet durch ihre "Karrieredistanz", sie bleibt damit in der Regel dem Mann untergeordnet und trotz ihrer Berufstätigkeit der traditionellen Frauenrolle verhaftet.

Sie kompensiert fehlende reale Ressourcen durch Verleugnung - "die eigene Ohnmacht kann verleugnet werden, wenn der Klientin die Schuld für das Mißlingen einer Veränderung ihres Lebens zugeschoben wird." (7)

Basis von Mittäterschaft ist Realitätsverleugnung, die als Abwehrmechanismus gedeutet werden kann.

Die Forderung, die Illusion über seinen Zustand aufzugegeben, ist die Forderung, einen Zustand aufzugeben, der der Illusion bedarf.

Diesen "Zustand" aufzugeben, heißt, aktiv-aggressive Tendenzen zu entwickeln. Dies geschieht durch die Auflösung der "Moral des Nicht-Verletzens" (8) unter Frauen, indem sie gegenseitige Kritik als not-wendig begreifen. Und ebenso durch Konkurrenz, die als ein "sich mit seinen Leistungen und Fähigkeiten zeigen" begriffen wird und den entstehenden "Neid" (9) als persönliche "Begehrlichkeit" akzeptiert, die es zu befriedigen lohnt.

Literatur

1. Walcker-Mayer, Carmen - Leben aus zweiter Hand. Weibliche Existenz durch männliche Abhängigkeit, in: Frauen und Sucht, Die alltägliche Verstrickung in Abhängigkeit, Mefert-Diete/Soltau (Hg.), Rowohlt 1984
2. Thürmer-Rohr, Christina - Vagabundinnen, Orlanda Frauenverlag 1987
3. Scheffler, Sabine - Hauptreferat, 10. Bundesdrogenkongreß 1987 FDR, Wenn Frauen aus der Falle rollen...
4. Rommelspacher, Birgit - Die Sucht, zu sehr zu lieben: Die neue Krankheit der Frau? in: Burghard, Rommelspacher (Hg.), Leideunlust, Orlanda Frauenverlag, Berlin 1989
5. Walcker-Mayer, Carmen; Birk, Karin: Co-Abhängigkeit - Leben aus zweiter Hand, Die "ganz normale" Frauenrolle als suchtverlängernder Faktor und die Schwierigkeit sowie die Chance der Veränderung, AG beim DHS-Kongreß 1989, erscheint in:

Deutsche Hauptstelle gegen die Suchtgefahren (Hg.), Süchtiges Verhalten bei Männern und Frauen, Hamm 1990
6. Appel, Christa - "Co-Abhängigkeit" - der Kaiserin neue Kleider!? Vortrag, Kongreß für klinische Psychologie und Psychotherapie Berlin 1990, unveröffentl. Manuskript
7. Hagemann-White, Carol - Macht und Ohnmacht der Mutter, in: Weibliche Beziehungsmuster-Psychologie und Therapie von Frauen, B. Rommelspacher (Hg.), Campus Verlag 1987
8. Altenkirch, Brigitte - Die Moral des Nicht-Verletzens in Arbeitsbeziehungen von Frauen, in: Mittäterschaft und Entdeckungslust. Studienschwerpunkt >Frauenforschung< am Institut für Sozialpädagogik der TU Berlin (Hg.), Orlanda Frauenverlag 1989
9. Flaake, Karin - Nur nicht nach den Sternen greifen oder: die falsche Bescheidenheit der Frauen in der Öffentlichkeit, in: Frauen Lebensformen, Psychologie heute Special Heft 2 1989

Cornelia Helfferich
Neue Mythen oder alte Beliebigkeiten oder...?
Weiblichkeitskonzepte und Selbstvergewisserung in der Arbeit zu Frauen, Gesundheit und Sucht

Ich hatte die Aufgabe übernommen, ein Resümee der Tagung zu ziehen und dabei einen Bezug herzustellen zu den Fragen, die sich in meinem Arbeitsbereich, dem Themenbereich "Frauen und Gesundheit", stellen. Mein Vortrag bildete den Abschluß der Tagung. Für dieses Heft habe ich ihn überarbeitet, um die Diskussionen, die ich am Ende der Tagung als gemeinsamen Prozeß voraussetzen und einfach in Anspielungen und Verkürzungen aufgreifen konnte, wiederzugeben. Doch ist es sinnvoll, vor der Lektüre des folgenden Beitrags die Vorträge von Christa Appel, Ulrike Kreyssig und Irmgard Vogt zu lesen, denn meine Kommentare beziehen sich ebenso auf diese Vorträge wie auf die Debatten, die sich daran entzündet haben. Im Text ist die Wiedergabe der Diskussionen in kursiver Schrift markiert; und wenn ich in diesen Passagen von "wir" spreche, meine ich damit dieses Diskussionsforum.

Ein Resümee läßt sich erst nach der Tagung ziehen, deshalb habe ich in der Vorankündigung meinen Überlegungen einen provisorischen Titel gegeben; daß das Ergebnis der Diskussionen für mich offen ist, habe ich mit den Auslassungspünktchen kenntlich gemacht. Mit dem Untertitel, genauer: mit dem Begriff der "Selbstvergewisserung", habe ich aber die zentrale Bedeutung dieser Tagung ganz richtig geahnt und vorweggenommen. Die Bedeutung unserer Diskussionen liegt darin, daß wir Zeit hatten (und es vielleicht für feministische Suchtarbeit an der Zeit war), unsere eigenen grundlegenden Begriffe und Konzepte, Motive und Arbeitsbedingungen zu überprüfen und in einen größeren Kontext zu stellen: das Verhältnis von Politik und Therapie, unsere (verschiedenen) Frauenbilder, unser Verständnis von Emanzipation und die Dynamik der Frauenbeziehung zwischen Beraterin und Klientin waren die hauptsächlichen Diskussionspunkte. Am Ende der Tagung, soviel sei vorweggenommen, stand die Notwendigkeit, auch den Suchtbegriff, der anfangs recht fraglos verwendet wurde, feministisch zu revidieren. Immer ging es darum, nicht nur die gesellschaftlichen Hintergründe der Suchtproblematik aufzuzeigen, wie sie die Betroffenen betreffen, sondern auch uns selbst als Professionelle und unsere Arbeit als Teil dieser gesellschaftlichen Problematik zu sehen und uns in der Erkenntnis der Geschichtlichkeit unserer Vorstellungen der kritischen Impulse unserer Arbeit zu vergewissern. Oder, wie eine Teilnehmerin formulierte: Der Blick auf Sucht ist der Blick auf uns. Es ist uns dabei ganz gut gelungen, die am Wege stehenden Fallen zu vermeiden, z.B. die des Irgendwie-Feminismus, wenn alles irgendwie schwierig und kompliziert ist, oder die Falle der internen Konkurrenz, wer die beste Feministin ist, wobei eine strenge Hierarchie und Ausschlußverfahren nach vergebenen Punkten aufgestellt werden - auch ein beliebtes Spiel, wenn alles irgendwie schwierig ist.

Die Tagung hatte mit einem Blick auf etwas Fremdes begonnen, mit einer Reminiszenz an eine uns in vielem fremde Epoche in der Geschichte weiblicher Suchtarbeit. Die Tagung endet mit einem fremden, zumindest mit einem "fachfremden" Blick auf heutige feministische Suchtarbeit. Das positive Ergebnis könnte sein, daß so die für eine Selbstvergewisserung notwendige Distanz zu der eigenen Arbeit möglich geworden ist. Für Christa Appel war es zu Beginn der Tagung möglich gewesen, aus der historischen Distanz zu der Frauen-Temperenz-Bewegung um die Jahrhundertwende in den USA hinter den Bemühungen dieser Bewegung, die Alkoholgefährdungen abzuschaffen oder zu verringern, ein anderes und eigentlicheres Thema zu erkennen. Das Thema Abstinenz oder Temperenz war sozusagen U-Boot oder Tarnung, zum einen, um gesellschaftliche Veränderungen einzufordern, um die Modernisierung der Geschlechterbeziehungen angesichts der damals aktuellen gesellschaftlichen Umbrüche und sozialen Konflikte voranzubringen und um Frauenpolitik durchzusetzen. Zum anderen war die Temperenzarbeit ein "Vorwand", der es den engagierten Frauen ermöglichte, ihre Rolle zu überschreiten, ohne sie prinzipiell anzugreifen und radikale (Frauen-)Politik zu machen, ohne als Suffragetten abstempelbar zu sein.

Therapie und Politik

Auch für uns gilt, ebenso wie für die Temperenzlerinnen, daß das vordergründige Interesse der "Abschaffung und Verringerung der Drogengefährdung" in dieser Allgemeinheit vor allem als Teil der Arbeitsplatzbeschreibung wichtig ist. Wichtiger ist der Wunsch, mit Frauen zu arbeiten und ihnen zu helfen - und hier knüpft das andere, eigentliche Interesse an, daß Ulrike Kreyssig zu Beginn als Anspruch formuliert hat: Bestehendes wirklich und konsequent infragezustellen (was ihrer Meinung nach Frauenpolitik im Gegensatz zu feministischer Politik nicht tut).

Die Verwobenheit von Therapie und Politik zog sich als Thema durch alle Diskussionen, mit unterschiedlichen Aspekten. Zum einen ging es um die politische Dimension der individuellen Therapie - also um politische Therapie -, zum anderen und um die Frage, ob, wann und wie Emanzipation von Abhängigkeiten befreit - also um therapeutische Politik.

Die Diskussion zur politischen Dimension der individuellen Therapie entwickelte sich v.a. im Anschluß an Ulrike Kreyssigs Vortrag. Die feministische Beraterin/Therapeutin bringt sich als politische Person in die Therapie ein, das ist Teil ihrer Identität und Authentizität. Und die politische Haltung bestimmt den beraterischen oder therapeutischen Ansatz - soweit herrschte Einigkeit, auch wenn die Frage nach einem feministischen Konsens unbeantwortet blieb. Aber, so die Frage, inwieweit existiert ein Anspruch an Klientinnen, sie sollten Feministinnen werden - begründet mit der Analyse, daß diese Haltung Abhängigkeit überwinden hilft? Kann die "doppelte Befreiung" (weg von der Droge und hin zum Feminismus) verlangt werden, können beide Befreiuungsaspekte überhaupt getrennt werden, sollten beide Prozesse nacheinander oder parallel laufen? Was ist aber, so die polemische Zuspitzung des Problems, wenn die Klientin nicht so will wie ich, keine Feministin wird und trotzdem abstinent? Irmgard Vogt erinnerte an die Versuche im SPK Heidelberg (Sozialistisches Patientenkollektiv Heidelberg), Patienten "an die politische Front zu schiken" und zog die Grenze zwischen Politik und Therapie. Damit ist eine Gefahr benannt, doch die Funktionalisierung von Klientinnen in dem Sinne, daß ihnen die Deutungen ihrer Problematik vorgegeben der aufgedrückt werden, wurde von keiner Frau vertreten, sondern immer darauf hingewiesen, daß die Klientin selbst ihre Deutungen erarbeiten soll und muß. Die individuelle Therapie läßt der Frau Raum, sie ist nicht dogmatisch; Kriterium ist, ob die Entscheidung zu einem Verhalten für die betroffene Frau subjektiv stimmig ist. Aber klare und radikale Positionen sind wichtig, um Politik "nach außen" zu tragen und an der Veränderung der Verhältnisse zu arbeiten.

In dieser Diskussion wird deutlich, daß es nötig ist, "nach außen zu gehen", daß aber innerhalb der therapeutischen Situation individuelle Therapie und Politik nicht so einfach zusammenfallen. Es handelt sich dabei vielmehr um eine Gratwanderung, die vorgefaßte (politische) Vorstellung als Deutung von individuellen Problemen der Klientin eben dieser Klientin anzubieten und auf ihre eigenen, davon abweichenden Deutungsmuster einzugehen; oder eine bestimmte eigene Vorstellung vom Therapieerfolg mit den Möglichkeiten der Klientin zusammenzubringen. Das Spannungsverhältnis, das sich hier auftut, ist gleichzeitig das Spannungsverhältnis zwischen einerseits einer politischen Radikalität ("nach außen"), die notwendigerweise eine Klarheit der Aussagen, eine Eindeutigkeit der Beschreibungen erfordert, und andererseits der Vielfalt realer Frauen (in der Therapie, "innen"), die in ihrer Unterschiedlichkeit individuelle Differenzierungen verlangen, die, wenn die eine als Gegenbeispiel für die andere zitiert wird, das Gemeinsame weiblicher

Lebenssituationen verschwimmen und Aussagen darüber beliebig werden läßt.

Emanzipation

Jede Therapie und Beratung ist von Annahmen darüber bestimmt, was das "gute" Leben, das Therapieziel sei. Für feministische Suchtberaterinnen/-therapeutinnen fallen im Begriff der "Emanzipation" das politische und das therapeutische Ziel zusammen. Doch Irmgard Vogts Vortrag hatte dazu gezwungen zu präzisieren, was wir unter Emanzipation verstehen und welche Form von Emanzipation eine - wie utopisch auch immer - Zielperspektive unserer Arbeit abgibt.
Der "kleine Emanzipationsbegriff" (als formale Teilhabe an Rechten und Bildung u.a.) jedenfalls beschreibt offenbar nicht eine Situation, in der Frauen weniger suchtkrank werden. Der Aufweis negativer, belastender Seiten dieser klein-emanzipierten weiblichen Lebenssituation ließ in der Diskussion auch nicht auf sich warten: Weder sind Wahlmöglichkeiten real gegeben, noch lassen sich überhöhte Anforderungen und eine neue Ungeborgenheit übersehen. Neue Zwänge treten auf und es war die Frage, ob eine Emanzipation als Gleichstellung ("gleichberechtigt in der Scheiße") überhaupt sinnvoll zu fordern sei. Aber welche Emanzipation, wenn nicht diese, ist das Ziel? Der "große Emanzipationsbegriff" enthält utopische Elemente, von denen Unabhängigkeit und Autonomie die wesentlichsten sind. "Unabhängigkeit" bindet gerade eine allgemein-politische Lebensform und den Genußmittelkonsum aneinander und verspricht die Koinzidenz politischer und persönlicher Befreiung. Doch auch diese Definition ist zu hinterfragen: Ist sie nicht ihrerseits "männlich bestimmt", indem sie weibliche (Beziehungs-)qualitäten ausblendet und Abhängigkeiten nur negativ bewertet? Sollte nicht dagegen stärker eine Verbindung zwischen Autonomie einerseits, Bindungen/Beziehungen/Abhängigkeiten andererseits betont werden?
Emanzipation als positiv bestimmten utopischen Zustand absolut und ein- für allemal zu definieren ist problematisch, denn - darauf

wies Christa Appel immer wieder hin - ein Ziel wird stets aus einer bestimmten historischen Situation heraus formuliert. Würden wir es einlösen, wäre es nicht mehr das, was wir gefordert hatten, und neue Ziele und Forderungen müßten gestellt werden (die Koedukationsdiskussion liefert hierfür ein anschauliches Beispiel, wie das, was gestern richtig war, sich heute als problematisch erweist). So verstanden wäre Emanzipation ein nie endender Prozeß, eine Art permanenter Revolution mit stets neuen Forderungen, deren einzelne Bestimmungsstücke wir suchen.

Beziehungen unter Frauen

Die Vorträge von Barbara Krebs und Carmen Walcker-Mayer haben noch an einem anderen Punkt die Diskussion um das feministische Verständnis von Suchtentstehung aufgebrochen. In der feministischen Parteinahme für betroffene Frauen geht es vor allem darum, die Wirkungen der Unterdrückungsmechanismen, an denen die Frauen leiden - und dieses Leid drückt sich in der Sucht aus - zu bearbeiten, wobei als Quelle dieses Leids Männer bzw. das Patriarchat ausgemacht wird, und der Opferstatus der Frau in Beziehung zu dem Täterstatus des Mannes die Hauptaufmerksamkeit beansprucht. Doch in diesen beiden Vorträgen war der Akzent ein anderer: Es ging um die Beziehungen unter Frauen. Barbara Krebs hatte auf die Bedeutung der (klassischen) Mutter-Tochter-Beziehung für die Entstehung von Eßstörungen hingewiesen. Carmen Walcker-Mayer hatte die Interaktion zwischen der Beraterin und der Co-Abhängigen als Beziehung zwischen zwei Frauen analysiert. Die Co-Abhängige agiert nichts anderes als die weibliche Normalrolle in ihrer "suchtverlängernden" Funktion. Sie wird dafür als co-abhängig, als co-krank definiert - von einer Frau, die ebenfalls zumindest eine Nähe zu dieser "Normalrolle" hat. Die Beraterin weigert sich, sich mit ihrer eigenen Normalität und deren suchtverlängernden Aspekten auseinanderzusetzen und wird ihrerseits zur Mittäterin in der Beratungssituation, zur Trümmer-frau der permanenten patriarchalen

Katastrophe. Mit diesen beiden Vorträgen war der Akzent gesetzt, nicht nur Frauen in ihrem leidvollen Verhältnis zu Männern zu betrachten, sondern in ihrer eigenen Verstrickung in die Aufrechterhaltung der Verhältnisse.

In der Diskussion ging es vor allem um die Frage, was in dieser Beziehung zwischen Klientin und Beraterin geschieht und welche Reaktionen und Anteile auf seiten der Beraterin ins Spiel kommen. Die Klientin mag Anteile der Beraterin für diese ausleben, die Reaktion der Beraterin mag Angst vor der Stärke der Frau in ihrer Sucht sein, Neid, oder auch Abwehr, die eigenen Anteile oder den eigenen Schmerz in den "normal-weiblichen" Problemen der Co-Abhängigen wiederzufinden. Es kann eine reale Konkurrenz unter Frauen entstehen, etwa zwischen der Co-Abhängigen und der Beraterin gerade in ihrer Ähnlichkeit oder zwischen der Beraterin (Mutter) und der Klientin (Tochter). Die wechselseitige Spiegelung offenbart einen untergründigen Wettstreit, welche der beiden Frauen perspektivisch die bessere Wahl für sich getroffen hat. So entstehen "Unstimmigkeiten" zwischen Beraterin und Klientin, so werden manche Klientinnen "nicht aushaltbar" - und so entstehen aber auch Mythen und Bilder von Frauen. Ein Umgang mit dieser Situation kann nur darin liegen, die eigenen Anteile ernst zu nehmen - auch den Neid als "positive Begehrlichkeit" - und die Frauen in ihrer Eigenheit ernst zu nehmen mit dem, was sie in ihrer Sucht ausdrücken.

Frauenbilder

Diese eigenen Anteile gehen ein in unsere Bilder von Frauen und färben sie emotional. Die Bilder steuern unsere Wahrnehmung der konkreten und lebendigen Frauen, die uns gegenübersitzen, und unsere Reaktion auf diese Frauen, denn ihre Färbung haben sie erhalten von dem, was uns nah ist, was wir ablehnen, was wir (heimlich) wünschen, was uns bedroht usw. Wir müssen die eigenen Anteile herausfinden und die Bilder an der Realität überprüfen - oft haben sie geradezu den Charakter einer mythischen Abstraktion, erkennbar an der Faszination, die von ihnen ausgeht, und daran, daß sie fernab der komplizierten und mehrdeutigen Realität angesiedelt sind. Auch in der sozialwissenschaftlichen Forschung gibt es diese faszinierenden Figuren, die für uns auf eine Art und Weise die Konflikte des weiblichen Lebenszusammenhangs exemplarisch zu verkörpern scheinen, daß sie zum Paradigma von "der" Frau verallgemeinert werden. Diese Konstruktionen sind "Lieblingstöchter" der feministischen Theorien, weil sie gerade lebendige Beweise für die Richtigkeit der Kritik an den patriarchalen Verhältnissen liefern. Für Sozialwissenschaftlerinnen war lange Zeit die Depressive, die mit der Aura einer gewissen Faszination umgebene Lieblingstochter, heute ist es die Magersüchtige. Es gibt einen ganzen Boom an Literatur und Arbeiten zu diesem Thema. Auch in der feministischen Suchtforschung gibt es solche "Lieblingstöchter", die die Szene beherrschen, die zum allgemeinen Paradigma des Frau-seins heute verallgemeinert werden - und die alle Stieftöchter in den Schatten stellen. Lieblingstochter der feministischen Suchtforschung ist, so möchte ich etwas boshaft behaupten, die junge (!) Frau, die als Kind sexuell mißbraucht wurde, die dann drogenabhängig wurde, nach mehreren Anläufen in gemischten Einrichtungen in der feministischen Therapie clean wurde und die anschließend selbst in die feministische Suchtarbeit einsteigt.

Die Reflexion der Frauenbilder nahm einen Teil der Diskussion ein. Die größte "Faszination" für Feministinnen geht von drogenabhängigen und eßgestörten Frauen aus (Das sind die "Lieblingstöchter"; Eßstörungen gelten in diesem Kontext allerdings als stärker angepaßte Sucht.). Woher kommt diese Faszination? Weil diese Frauen jünger sind? Oder weil sie, anders als Alkoholikerinnen, weniger in traditionellen Denkmustern - so das Bild der Alkoholikerin - verhaftet sind und mehr feministischen Ansätzen zugänglich? Gibt es gemeinsame Bezugspunkte zwischen "der Alkoholikerin" und "der jungen Drogenabhängigen", die es uns erlauben, von "den Frauen" oder "der Sucht" zu sprechen? In der Praxis wirken sich diese Probleme dahingehend aus, daß die "Suchtfeministinnen" vor allem im Bereich der illegalen Drogen arbeiten und dort auch ein Klientel für

frauenspezifische und feministischen Ansätze vorfinden. Frauen-Drogenarbeit gilt als progressiver, wie bissig bemerkt wurde, und es entsteht eine Konkurrenz zwischen "legaler" und "illegaler" Drogenarbeit, ganz so als ob die Unterschiedlichkeit bei "der" Suchtarbeit vom unterschiedlichen Grad der Progressivität der Beraterinnen abhingen.
Welche Frauenbilder stehen dahinter? Zum einen gibt es die Vorstellung, daß sie suchtkranke Frau ganz allgemein sozusagen das systematische Damenopfer des Patrarchats verkörpert. Das Patriarchat - als Begriff die Gesamtheit gesellschaftlicher Verhältnisse bezeichnend - deformiert Frauen, richtet sie zu und hält sie in Abhängigkeit. Ein zweites Bild, das im Widerspruch dazu steht und gerade deshalb oft mit dem ersten verbunden Verwendung findet, ist das Bild der Abhängigen als verkappter Widerstandskämpferin und die Erklärung der Sucht als Verweigerung und Ausbruch. In der Diskussion wurden die Bilder verschiedenen Abhängigkeitsformen zugeordnet und z.T. der mythische Gehalt kritisiert: Das Opfer - das ist die Frau schlechthin, die allgemeine weibliche Abhängigkeit. Die junge Drogenabhängige ist die Power-Frau, die eigentlich unglaublich starke Frau, die Ausbrecherin. Die Medikamentenabhängige gilt als abgestumpft, ebenso wie die wenig exotische Alkoholikerin. In einem dritten Bild ist der Sinn von Sucht an die Bewältigung von Problemen gebunden, sei es, daß die Bulimarektikerin die allgemeinen Defizite weiblicher Sozialisation zu bewältigen versucht (Barbara Krebs' Vortrag), sei es, daß die junge Frau mit dem illegalen Drogenkonsum die Intention verbindet, ihre Eltern zu provozieren und sich abzugrenzen, sei es, daß die in ihren Alltag eingebundene Frau, die, wie erbärmlich auch immer, Drogen und Medikamente konsumiert, um über die Runden zu kommen.
Die Reflexion der impliziten Frauenbilder will ich mit einem Bezug zu den Diskussionen in meinem Arbeitsbereich verbinden. Die Frauenbilder und der "Sinn", der jeweils der Sucht verliehen wird, ähneln den Bildern und Erklärungen, die ich im Zusammenhang mit Erkrankungen von Frauen gefunden habe; hier wie dort tauchen sie in ähnlich widersprüchlich-gemischter Vielfalt auf. Ich möchte die "Blickweisen" so bezeichnen:

a) als Mythos vom Opfer: Frauen sind unterdrückt und können sich nicht wehren - das macht sie krank.
b) als Mythos vom Widerstand: In der Krankheit drückt sich der Widerstand der Frauen gegen diese Gesellschaft aus.
c) als funktionalistischen Blick: Krankheit dient der Bewältigung von Konflikten, wobei so ziemlich jede Lebenssituation konflikthaft ist - oder so erfahren werden kann. Potentiell macht also alles krank.

Zu a) Die mit dem Defizit- oder Opferblick verbundene Theorie der Krankheitsentstehung besagt, daß Frauen krank werden, weil sie unterdrückt, abgeschnitten von Chancen sind. Z.B. lernen Frauen nicht, sich aggressiv durchzusetzen. So wendet die Aggression sich nach innen, sie erscheint als Selbstzerstörung: Krebs gilt als weibliche Krankheit, als nach innen gewendete Aggression. Unfähigkeit ist das wesentliche Merkmal der Frauen - als Unfähigkeit sich anders zu wehren, aktiv zu werden, als Subjekt handlungsfähig zu sein und selbstbestimmt zu leben. Problematisch ist dabei vor allem der Absolutheitsanspruch, "die" Frau als Gesamtheit der Bestimmung aller real existierender Frauen zu fassen und dabei inhaltlich bei dieser Bestimmung auf die patriarchale Ideologie des "schwachen" und "verwundbaren" Geschlechts, der blassen, leidenden, abhängigen Frau, ganz ihrem Körper und seinen Launen, sprich der Menstruation, unterworfen, zurückzugreifen. Ich halte es sogar für gefährlich, die Ebenen dessen, was Frauen sind und als was sie zugerichtet werden, ineinszusetzen, denn das bedeutet eine Reduzierung der realen Frauen um all das, was nicht in diesem ideologischen Bild aufgeht. Ich will nicht verschweigen, was diese Theorie mit mir persönlich macht: sie macht mich ärgerlich, weil sie mich mit ihrer Absolutheit dazu zwingt, mich entweder im Krankheitsfall mit diesem Frauenbild zu identifizieren oder sie für falsch zu halten - eine Alternative, der ich mich verweigere.
Dabei bringt gerade dieser Ansatz die Herrschaftsstrukturen am prägnantesten auf den Begriff. Aber in der Reduzierung realer Frauen verkehrt sich die ursprüngliche Absicht des Erklärungsansatzes: Die Pathologisierung des Weiblichen, der die ganze Kritik galt, wird tendenziell mit- und weitergetragen, die Frau "krank-be-

schrieben". "Krankheit" und "Schwäche" sind aber kulturell nahegelegte Verhaltensmuster und es stehen die Einrichtungen bereit, die sofort als Instanzen sozialer Kontrolle dieser nahegelegten Abweichungen fungieren. So betrachtet ist jede Therapie das Wiedereinfangen der vorher gesellschaftlich erzeugten Krankheiten und Abweichungen. "Krankheit" und "Krankheitsanfälligkeit" als Etiketten für Weiblichkeit schließen Frauen aus Bereichen (z.B. gesellschaftlicher Macht) aus und schließen sie gleichzeitig in das medizinische Versorgungssystem ein. Aber aus dieser Beschreibung folgt noch lange nicht, daß Frauen tatsächlich und real nichts anderes als gefährdet, schwach und unterdrückt sind. Frauen sind nicht nur Opfer - das können wir heute durchaus sagen, ohne daß uns dieser Satz umgedreht werden kann in eine Leugnung oder Legitimation der Gewalt zwischen den Geschlechtern.

Das, was Frauen über ihre Bestimmung durch die Weiblichkeitsideologie hinaus noch sind, kann im übrigen auch erst erklären, wo ihr Widerstand herkommt - gingen sie in ihrer weiblichen Bestimmung ganz auf, könnten sie sich nicht wehren. Dieses "Mehr" wird angesprochen in dem Moment, wo in Erwägung gezogen wird, Frauen könnten von der Krankheit auch etwas haben - es gäbe einen Krankheitsgewinn. Z.B.: Migräne schützt davor, den ehelichen Pflichten nachkommen zu müssen. "Listen der Ohnmacht" nannte Claudia Honegger das: Frauen nehmen diese Zuschreibung, sie seien ja nur schwach und kränkelnd, auf sich, nutzen sie aus und wenden sie unter der Hand gegen ihre Unterdrücker meinetwegen in Person des Ehemannes. Ich möchte aber noch weiter gehen und Frauen als Subjekte ernstnehmen, die eine eigene Verantwortung für ihre Krankheit tragen.

Zu b): Das zweite beliebte Deutungsmuster ist Krankheit als Widerstand zu sehen. Dieses Muster kommt in Diplomarbeiten umso häufiger vor, je engagierter die schreibende Studentin ist. Krankheit als Widerstand heißt z.B. Krankheit als Verweigerung. Persönlich kann ich mich mit dieser Deutung von Krankheit besser identifizieren als mit der Opfer-Theorie, aber ich bin mißtrauisch, inwieweit nicht der alte Mythos der unterdrückten Frau nicht geradewegs und bruchlos durch einen neuen Mythos der Widerstandskämpferin ersetzt wird und der Widerstandbegriff eine inflationäre Ausweitung erfährt. Jede Krankheit ist ganz massiv auch Anpassung und Verzicht auf - andere Formen von - Widerstand. Aber wenn wir sagen, Frauenkrankheiten seien Anpassung und Widerstand zugleich, so ist das ziemlich banal, denn jedes Symptom ist Anpassung und Widerstand, bei Frauen ebenso wie bei Männern.

Krankheit bei Frauen ist insofern Anpassung, als mit Weiblichkeit kulturell assoziiert und somit legitimiert ist, Schwäche zeigen zu können, zu dürfen und zu sollen. Frauen "dürfen" eher krank-"machen" ("in Krankheit machen") und wenn wir Krankheit als von der Norm - "Gesundheit" - abweichendes Verhalten betrachten, sehen wir, daß diese Abweichungen nach Geschlecht ungleich verteilt sind: Es gibt frauentypische Krankheiten (Befindlichkeitsstörung meist ohne organischen Befund wie Schwindel, Kopfschmerzen etc., Depressionen, Eßstörungen und andere psychosomatische Beschwerden), männertypisch ist eher der Herzinfarkt. Daß diese Abweichungen "erzeugt" werden, bedeutet z.B., daß sie sich zurückführen lassen auf einen anderen Umgang von Frauen mit Beschwerden und eine andere soziale Situation von Frauen, aber auch, daß bei Frauen z.B. eher als bei Männern psychiatrische Diagnosen gestellt werden, daß also Frauen im Gesundheitssystem eher "krankgeschrieben" (als krank beschrieben) werden.

Und männertypisch ist eine andere Form abweichenden Verhaltens: Männer sind eher kriminell, sie weichen aggressiv und oft kollektiv ab, Frauen dagegen selbstzerstörersch und individuell. An diese Normen der gesellschaftlichen Produktion von abweichendem Verhalten halten sich die erkrankenden Frauen überwiegend sehr genau. Wir müssen genauer hinsehen: Was ist daran Anpassung - und woran? Was ist Widerstand - und wogegen richtet er sich?

Zu c): Krankheit dient der Bewältigung sonst unbewältigter Konflikte. Die Quintessenz der empirischen Arbeiten besagt dabei, daß so ziemlich alles krank machen kann, je nachdem, was gerade Thema ist: Das Hausfrauendasein macht ebenso krank wie die Doppelbelastung, ebenso wie die ganz allgemeine weibliche Lebenssituation, die geschlechtsspezifische Arbeitsteilung, kurz und schlicht: die Gesellschaft. Die Konflikte "drücken" sich dann irgendwie symbolisch in der Krankheit aus, aber wie der Zusammenhang genauer, dieses "irgendwie ausdrücken oder symbolisch reproduzieren" aussieht, ist unklar.

Doch damit stellt sich die Frage, wie dann überhaupt noch Normalität möglich ist in einer kranken Gesellschaft. Aus den Darstellungen ergibt sich mitunter ein derart geschlossener Zusammenhang, daß Frauen auch wieder per se in unserer - belastenden - Gesellschaft einfach krank sein müssen und Frauensein und Gesundheit einen Widerspruch bilden. Hier zeigt sich ein ganz gravierendes Problem: Wir wissen einfach unglaublich wenig darüber, wie dieser Prozeß des Krankwerdens bei den Frauen vor sich geht. Fragen sind unbeantwortet wie: Wie entwickelt sich ein weibliches Körper- und Gesundheitskonzept? Welche Rolle spielt das Mütter-Töchter-Verhältnis dabei, und welche Rolle sexuelle Erfahrungen? Welche kulturellen Muster lassen sich beschreiben, z.B. bezogen auf den üblichen Umgang mit Krankheiten und Medikamenten? Welche Rolle spielt die aktuelle Situation, in der Frauen, aller zugeschriebenen Schwachheit zum Trotz, einfach nicht krank werden dürfen? Was heißt Krankheit im Blick der Frauen auf sich selbst, ist sie positiv oder negativ besetzt? Welche Rolle spielen die Institutionen der medizinischen Versorgung - allen voran die Ärzte - bei der Krankschreibung (nicht nur im Sinne von Arbeitsunfähigkeitsbescheinigung, sondern im Sinn von Verteilung des Etiketts: Du bist krank) von Frauen?

Alle drei Ansätze besagen etwas durchaus Richtiges: Daß Sucht oder Krankheit gesellschaftlich als Etikett verteilt werden, und daß diese Zuschreibung bei Frauen über das Bild der schwachen und abhängigen Frau funktioniert; daß Sucht oder Krankheit gesellschaftlich etwas Normales und Abweichendes zugleich sind; daß es einen Sucht- wie einen Krankheitsgewinn geben kann; daß Frauen Opfer, Widerständige und Profiteurinnen ihrer eigenen Leidens zugleich sein können. Aber das reicht noch nicht. Wenn Krankheit sich nicht ausschließlich und erschöpfend als Ausdruck der Unter-

drückung, als Widerstand, als Protest oder Nutzen erklären läßt, dann versuchen wir einmal die umgekehrte Frage: Was macht oder hält Frauen gesund? Ich denke schon, daß Emanzipation gesund hält. In meinen Augen schließen sich aber Gesundheit und Drogenkonsum nicht aus. Aber wir handeln uns so ein weiteres Problem ein: Was ist Gesundheit? Ist Gesundheit gleich Emanzipation?
Aus der These, daß Unterdrückung krank macht, folgt logisch, daß Emanzipation gesund macht. Irmgard Vogts Nachweis, daß mit der "kleinen Emanzipation" der Suchtmittelkonsum steigt, läßt sich nicht übertragen und widerlegt zumindest nicht die Behauptung, daß Emanzipation gesund macht. Ich bin aber vorsichtig - ich wage nicht zu behaupten, daß Frauen heute gesünder seien als früher. Sie leben zwar länger, aber im wesentlichen hat sich das Spektrum der Erkrankungen verändert. Hier wird deutlich, welche unterschiedlichen Faktoren - Entwicklung der medizinischen Versorgung, Lebenslage, Ernährung etc. - eine Rolle spielen, wenn wir die Veränderungen großer Epochen überblicken.
Doch was heißt Gesundheit? Ich halte Gesundheit nicht für einen Zustand. Es gibt in der Frauenforschung zu Gesundheit auch Vorstellungen von Gesundheit als Zielzustand, von einem gesunden, ganzen weiblichen Körper. Wenn wir alle die patriarchalen Zurichtungen unseres Körpers wegdenken, so lautet das Argument, dann gäbe es so etwas wie einen heilen, ganzen, authentischen, also undeformierten und unverfälschten Körper. Aber diese Authentizität könnten wir höchstens erlangen, wenn wir uns ganz außerhalb jeder gesellschaftlichen Bestimmung sehen, wenn wir in einer ganz neuen und anderen Welt ganz neu anfangen könnten - und noch nicht einmal dann. Sinnvoll ist, Gesundheit entweder als Fähigkeit oder als Prozeß zu bestimmen: Für mich hat Gesundheit etwas zu tun mit Auseinandersetzungsfähigkeit und Abgrenzungsfähigkeit und vielleicht auch mit Genußfähigkeit. Ich glaube nicht an einen Zustand der Ganzheit oder Heilheit, der erreicht werden kann - wenn wir hätten, was wir wollten, wäre es schon nicht mehr das, was wir gewollt hatten.
In diesem Sinn der Auseinandersetzungsfähigkeit meine ich auch, daß Emanzipation gesund und nicht nur Angst macht (denn eine

gewisse Wahlfreiheit ist Voraussetzung für Auseinandersetzungen). Gesundheit wäre auf diese Weise auch eine Auseinandersetzung mit Krankheitserfahrungen, womit beide, Krankheit und Gesundheit auf einmal keine Gegensätze mehr sind: Krankheit ist normal. Wir bräuchten dann in der Theorie eine Verkrüppelung der Frauen, eine Festlegung auf Schwäche, Krankheit und Abhängigkeit, eine Pathologisierung der Frauen, die krank und somit nicht normal sind, nicht mehr zu wiederholen. Aber auch hier muß ich anmerken, daß dieser Gesundheitsbegriff für Frauen in westlichen (post)industriellen Gesellschaften gilt, also für Frauen, für die es wichtig ist, sich auseinanderzusetzen und die traditionellen Bindungen entwachsen sind.

Bei Gesundheit assoziieren viele Normalität und fragloses Funktionieren (bezogen auf das Organsystem ebenso wie bezogen auf gesellschaftliche Integration). Diese Assoziation leitet sich aus normativen Vorstellungen von Gesundheit ab, bei denen eine Bedeutungsübertragung von der körperlichen Ebene (funktionierende Organe) auf die soziale Ebene (funktionierende Gesellschaft) vollzogen wird und gesund der sozial, psychisch und körperlich "Problemlose" ist. Widerstand, Krankheit, Abweichung gehören als Vorstellungskomplex auf der Gegenseite zusammen, ebenso wie Kritik-Verweigerung-Nichtfunktionieren. Aber warum sollte der Gesundheitsbegriff nur im Zusammenhang mit Funktionieren gedacht werden und warum können wir nicht auch Gesundheit als Widerstand verstehen? Sind wir so festgelegt auf das "Leiden an der Gesellschaft"? Was für ein Selbstbild haben wir, daß wir Gesundheit und Anpassung, als eine psychische Verkrüppelung in der gesellschaftlichen Normalität, aneinanderbinden? Müssen wir immer stöhnen? Darf es uns nicht gut gehen? Identifizieren wir uns deshalb so gern mit den Opfern? Und die Frage ist, ob wir mit einer Fixierung auf die Assoziation Protest und Krankheit (Krankheit als Protest/Protest als Krankheit) uns auf dem Weg zum utopischen Emanzipationsbegriff als Gesundheitsbegriff nicht selbst im Weg stehen. Wenn das so ist, verschenken wir entweder einen Teil des Gesundheitsbegriffs, oder wir müssen uns zumindest einen ambivalenten Gesundheitsbegriff bescheinigen: Gesundheit als Anpassung und Gesundheit als Emanzipation. Aber wenn das nicht so ist, was ist Gesundheit dann überhaupt noch anderes als Emanzipation? Das soll offenbleiben.

Der Suchtbegriff

Damit verflüssigen sich die Begriffe: Gesundheit und Krankheit sind ebenso wenig mehr Gegensätze wie Krankheit und Widerstand zusammenfallen. Diese Überlegungen wurden in der Diskussion im Anschluß an meinen Vortrag weitergeführt: Zeigt sich der Krankheitsbegriff als dergestalt unzureichend, gilt dies dann nicht um so mehr für den Suchtbegriff? Wenn Gesundheit als Fähigkeit begriffen wird, sich mit Krankheitserfahrungen oder Suchterfahrungen auseinanderzusetzen, wenn wir davon ausgehen, daß es ebenso wie es einen Krankheitsgewinn, auch einen Suchtgewinn geben kann, dann verlieren die Begriffe "Krankheit" und "Sucht" ihren dämonischen Charakter. Wenn Krankheit und Gesundheit als polare Begriffe aufgelöst und in Facetten von Befindlichkeiten überführt werden, dann könnten analog unterschiedliche Befindlichkeiten im Zusammenhang mit dem Drogenkonsum beschrieben werden.
Die Analogie zwischen Sucht und Krankheit rührt an dieser Stelle daher, daß beide als gesellschaftliche Etiketten verwendet werden, die die Grenze zum Pathologischen markieren und die Schlüssel für entsprechende Instanzen sozialer Kontrolle dieser Pathologie darstellen. Doch muß das nicht heißen, daß Sucht eine Krankheit ist - in der Verflüssigung der Begriffe geht es gerade darum, das Suchtkonzept als Krankheitskonzept infrage zu stellen.
Der Suchtbegriff, wie wir ihn verwenden, ist ein "männliches" Referenzsystem, geprägt von einer negativen Bewertung von und sozialen Ängsten vor Abhängigkeit und Kontrollverlust. Dabei enthält der Suchtbegriff nicht nur den Aspekt von Abhängigkeit allgemein, sondern eine Bewertung unpassender Abhängigkeit: Während niemand auf die Idee käme, so Christa Appel, die Abhängigkeit des gut verdienenden Ehemannes von der treusorgenden Frau mit "Sucht" in Verbindung zu bringen, wird die "normale" Frauenrolle als Cc-Ab-

hängigkeit wie eine Sucht therapiert - dies ist eine durch und durch männliche Bewertung und eine erneute Pathologisierung des Weiblichen. Sucht ruft Ordnungsmechanismen auf den Plan - als erstes die Einordnung in Krankheitsbilder namens "Süchte", die herausgelöst werden aus der biographischen Geschichte der "Kranken"/"Süchtigen", und aus ihrer eigenen Geschichte als gesellschaftlich, d.h. in einer patriarchal strukturierten Gesellschaft herausgebildete Krankheitskonzepte und Suchtvorstellungen. Diese Geschichte müssen wir aufarbeiten, wenn wir das spezifisch "Männliche" an den gängigen Suchtbegriff herausfinden wollen. Zu dieser Geschichte gehört auch, daß dieser Suchtbegriff heute unzulässig ausgeweitet wird. Eßstörungen sollten sinnvollerweise eher als psychosomatische Erkrankungen und nicht als Süchte betrachtet werden. Medikamentenkonsum ist im Zusammenhang mit der (Selbst-)Behandlung von Symptomen (Menstruationsbeschwerden, Kopfschmerzen, Angstzustände etc.) zu sehen und ohne die Rolle des verschreibenden Arztes dabei zu betrachten, kommen wir nicht zu sinnvollen Aussagen über die Entstehung von Medikamentenabhängigkeit.

Die Koppelung von Sucht/-Abhängigkeit und Weiblichkeit im Konzept der Co-Abhängigen weitet die Pathologisierung auf ein ganzes Geschlecht aus. Doch wir haben (noch) kein feministisches Suchtkonzept und es ist die Frage, ob dies nicht auch ein Widerspruch in sich wäre. D.h. wir sind in der widersprüchlichen Situation, in der Therapie oder Beratung mit dem "männlichen" Suchtkonzept und einer "männlichen" Problemdefinition zu arbeiten, und gleichzeitig Vorstellungen von einer feministischen Lösung der vorgetragenen Probleme umsetzen zu wollen. Wir sind von unseren Arbeitsplätzen her darauf angewiesen, das Klientel zu pathologisieren - und damit auch die Probleme der Frauen zu dramatisieren, denn sie legitimieren unsere Existenz im therapeutischen Bereich. "Feministische Konzepte von Sucht?" mit einem dicken Fragezeichen - so soll nach den Wünschen der Frauen aus der Suchtarbeit diese Diskussion weitergeführt werden. Viele Frage sind offen oder eröffnet; sicher ist nur, daß eine Annäherung an die Frage, was an dem Referenzsystem "Sucht" "männlich" ist, nur über eine Auseinandersetzung mit unserer eigenen Rolle als Mittäterin in der Suchtarbeit gelingen kann. Der Blick auf Sucht ist ein Blick auf uns. Keine neuen Beliebigkeiten also und auch keine alten Mythen von Opfer und Widerstand, sondern ein ganzer Wunschkatalog: Neugier auf die Unterschiedlichkeit realer Frauen, ihre Verstrickungen in die Verhältnisse und ihre Beziehungen untereinander, eine Auseinandersetzung mit den eigenen Anteilen, mit der eigenen Geschichte, eine Arbeit an den eigenen Begriffen im Sinn einer auseinandersetzungsfähigen - also, s.o.: gesunden und emanzipierten! - Frauenforschung und -praxis, Radikalität in der politischen Durchsetzung veränderter Verhältnisse. Denn die Selbstreflexion ist kein Verlust an Radikalität, sondern ein Gewinn an Kontext: an biographischem und gesellschaftlich-geschichtlichem Kontext, in den das Handeln als Umgang mit Abhängigkeiten, Frauen, Männern und Drogen für alle Beteiligten, Klientinnen wie Professionelle, eingebettet ist.

Die Reihe Materialienband
Inhalt der Bände 1 - 9

Band 1
Christel Eckart: Töchter in der 'vaterlosen Gesellschaft'. Das Vorbild des Vaters als Sackgasse zur Autonomie. / Ulrike Schmauch: Entdämonisierung der Männer - eine gefährliche Wende in der Frauenbewegung? / Dörthe Jung: Körper-Macht-Spiele. Unökonomische Gedanken zu weiblichen und männlichen Körper-Präsentationen in öffentlichen Räumen / Ulrike Teubner: Zur Frage der Aneignung von Technik und Natur durch Frauen - oder der Versuch, gegen die Dichotomien zu denken / Barbara Rendtorff: Macht und Ohnmacht - Liebe und Kampf zwischen Müttern und Kindern

Band 2
Käthe Trettin: Über das Suspekte am neuen Ethik-Interesse: Anmerkungen zu Luce Irigaray / Mechthild Zeul: Warum war 'Kramer gegen Kramer' ein Publikumserfolg? Versuch einer psychoanalytischen Deutung / Ulrike Prokop: Die Freundschaft zwischen Katharina Elisabeth Goethe und Bettina Brentano - Aspekte weiblicher Tradition / Barbara Köster: Weiblicher Masochismus

Band 3
Ulrike Schmauch: Frauenbewegung und Psychoanalyse - öffentliche und verborgene Seiten einer schwierigen Beziehung / Karin Windaus-Walser: Antisemitismus - eine Männerkrankheit?? Zum feministischen Umgang mit dem Nationalsozialismus / Heide Moldenhauer: Frauen und Architektur / Barbara Rendtorff: Der gute Mensch Frau - Zum Wesen und Unwesen von Frauen und unserer frauenbewegten Ideologie / Ellen Reinke: Psychoanalytische und sozialstrukturelle Überlegungen zum Abwehrnodus der 'altruistischen Abtretung: Minni Tipp und Anna Freud gewidmet

Band 4
Regina Dackweiler: "Dienende Herzen" - Schriftstellerinnen des Nationalsozialismus / Mechthild Zeul: Der Abwehrcharakter des Penisneids und seine Bedeutung für das sexuelle und soziale Verhalten der Frau: ein klinischer Beitrag / Barbara Holland-Cunz: Reform - Revolution - Wandel. Transformationsvorstellungen in der feministischen Theorie / Gisela Wülffing: In der Wildnis der Differenz - ohne gesichertes Hinterland / Pia Schmid: Säugling-Seide-Siff. Frauenleben in Berlin um 1800

Band 5
Vorträge von Luisa Muraro: Der Begriff der weiblichen Genealogie / Die symbolische Ordnung der Mutter / Die Passion der Geschlechterdifferenz (zur italienisch-deutschen Tagung vom November 1989)

Band 6
Genealogie und Traditionen
Luce Irigaray: Das vergessene Geheimnis weiblicher Genealogien / Edith Seifert: Zur Frage der psychischen Geschlechtsgenealogie / Marianne Schuller: Wie entsteht weibliche Freiheit? / Alexandra Pätzold: An der Grenze von Physis und Metaphysik / Eva Meyer: Die Autobiographie der Schrift - Gerburg Treusch-Dieter: Das Kästchenproblem. Zum Psyche-Mythos bei Freud. (Vorträge der Sommerwoche 1989)

Band 7
Über weibliches Begehren, sexuelle Differenz und den Mangel im herrschenden Diskurs. Autonome Frauenbildungsarbeit am Beispiel der Frankfurter Frauenschule. (Eine Reflexion der Mitarbeiterinnen der Frankfurter Frauenschule über die Arbeit eines Frauen-Bildungs-Projekts)

Band 8
Nationalsozialismus / Nationalismus
Beiträge zur Tagung 'Prägende Weiblichkeitsentwürfe des Nationalsozialismus' vom März 1988 und zur Tagung 'Nationalismus' vom März 1989. Erscheint September 1990.

Band 9
Der feministische Blick auf die Sucht
Beiträge zur Tagung 'Der feministische Blick auf die Sucht' vom Mai 1990. Erscheint im Oktober 1990.

Bestellung

Hiermit bestelle ich aus der Reihe 'Materialienband' Band Nr.:..........
gegen Rechnung.

Name: ....

Adresse: ....

....

Datum und Unterschrift: ....

Abonnement-Vordruck

Ich möchte die Reihe 'Materialienband' abonnieren. Jeder Band wird mir nach Erscheinen zugeschickt, Rechnung anbei.

Name: ....

Adresse: ....

....

Datum und Unterschrift: ....
(Widerruf des Abos bitte schriftlich an uns)